艺术人生

Bruegel

勃鲁盖尔

〔意〕戴维·比安科 著
郭晶 译

安徽美术出版社
全国百佳图书出版单位

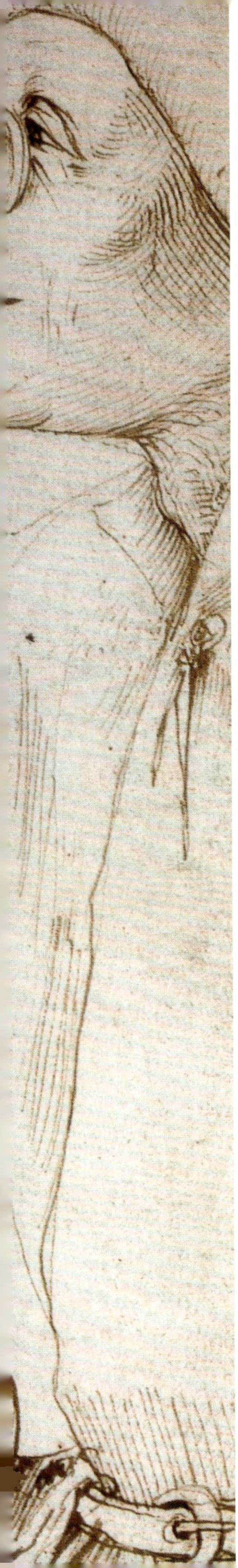

目　录

1525？—1554　**小丑彼得**　1

出身不明，师承复杂

身份的转换

不可或缺的意大利之旅

精英阶层的画家

1555—1562　**在怪物的土地上**　31

民间文化的细节

小大人的游戏

生活是狂欢节，现实是四旬斋

神话与象征学

致命的恶魔

1563—1565　**定居布鲁塞尔**　75

关于婚姻的流言蜚语

佛兰芒的混乱及两幅通天塔

信仰的深处

1565—1569　**思想超越绘画**　103

人与自然的时间

乡间周末

《圣经》故事风景画

讽刺和隐喻

年表　148

索引　152

BRVEGEL · MDLXII

◀ **两只猴子**（1562）
局部
柏林，国家博物馆

1525？—1554 小丑彼得

出身不明，师承复杂

几个世纪以来，佛兰芒画家彼得·勃鲁盖尔（Pieter Bruegel）的作品一直被运气和盛名环绕。然而令人震惊的是，关于他生平的记载却寥寥无几，这似乎成了印证他艺术道路非凡独特性的一个标志。勃鲁盖尔的同辈，同时也是他的朋友——杰出的地理学家亚伯拉罕·奥特利斯（Abraham Ortelius，1527—1598）将他在整个画家生涯中所创作的作品都定义为“无法描绘的东西”。勃鲁盖尔深受同时代杰出人士的青睐，人文主义学者和有胆识的商人们竞相收藏他的画作，更不必说那些在他死后仍然小心翼翼地珍藏他作品的艺术家（鲁本斯收藏了12幅勃鲁盖尔的作品）。尽管如此，时至今日我们仍无法准确说出他的出生地和出生时间。

资料证实，这种不确定性甚至在他姓氏的写法上也有所体现。最初，他的姓氏写作“Brueghel”（第一份确凿的相关文献资料显示）。在一些更早的文本中，他的姓氏有着数量繁多的变体（如Brügl, Brögel, Briegl），这些变体使得关于他的信息变得更加扑朔迷离。事实上，尽管缺少确凿的资料，许多撰写历史的学者乃至一些编写现代史的工作者，仍然希望通过勃鲁盖尔的姓氏推断出他的出生地。他们认为这位艺术家出生在北布拉班特（Brabante）省内距离布雷达（Breda）不远处的一个名为勃鲁盖尔的村庄。

在寻找勃鲁盖尔出生登记资料的过程中，历史学家们所遇到的困难是由那时的基本事实决定的——当时在荷兰，尤其是在那些远离大城市的偏僻省份，无论是记录洗礼的文件还是人口普查都十分罕见。然而，尽管我们对勃鲁盖尔的家庭出身和童年一无所知，但是早期的传记作者和现代历史学者们却都一致倾向于认为他出生于布雷达或布雷达附近地区。

关于勃鲁盖尔出生时间的更多信息则是根据他的画家生涯推算得出的。1551 年，安特卫普的圣卢克画家公会的名单中出现了“彼得·勃鲁盖尔（Peeter Brueghels）”这个名字。在那时，想要开展画家事业的画师们必须在专门的职业行会中注册，加入公会的大致年龄通常为 21 岁至 26 岁不等。由此可以推断出勃鲁盖尔很可能出生于 1525 年至 1530 年之间。

1551 年还发生了另一件重要的事情：正是在这一年，勃鲁盖尔首次以艺术家的身份亮相社交界。有证据表明，大概在这一时期——也就是勃鲁盖尔约 25 岁时，他创作了第一幅被文献记录的著名作品，即为梅赫伦（Malines）的圣鲁波教堂（chiesa di San Rombouts）绘制了一幅祭坛画，这幅作品如今已经遗失。当时，许多艺术家最初都是与其他更有名望的大师合作完成委托任务，共分佣金。勃鲁盖尔亦是如此，这幅作品是他与彼得·鲍尔登（Pieter Balten）共同创作完成的。

总而言之，同时代文献资料的匮乏使得还原勃鲁盖尔的生平变得十分艰难。同时，这似乎也还原了那个饱经磨难的时代，反映出当时欧洲部分地区所处的困境。

在勃鲁盖尔所处的那个时代，佛兰德斯的局势十分动荡不定，产生的巨大影响甚至波及了欧洲的其他地区。其中，首要事件就是西班牙在 16 世纪对荷兰各省的暴虐统

彼得·勃鲁盖尔的肖像（1606）
埃吉斯厄斯·萨德勒尔
巴黎，法国国家图书馆
* 根据巴托洛梅奥·斯布兰格的画所作的版画

斯凯尔德河上的安特卫普城市景观图（约 1559）
局部
伦敦，考陶尔德艺术学院

安特卫普城市景观图（1520）
阿尔布雷特·丢勒
维也纳，阿尔贝蒂娜博物馆

圣安东尼的诱惑（1510）
局部
希罗尼穆斯·博斯
马德里，普拉多博物馆

治。西班牙的暴政在1567年随着国王腓力二世（Filippo Ⅱ）派遣阿尔巴公爵（duca d'Alba）血腥进驻布鲁塞尔（Bruxelles）并严厉镇压新教徒的暴动而达到高潮。其次则是路德教改革的开始。路德教改革与西班牙人的天主教殖民化之间产生了激烈的摩擦，并且使得荷兰国家内部的两个不同教派之间出现了不可调和的分歧。而正是这些分歧，使得荷兰的南部——也就是如今的比利时，经过八十年战争后，和国家的北部分离开来。

在对勃鲁盖尔的画作进行分析时，其与博斯（Bosch）艺术的相似之处构成了艺术分析中的一个重要部分（或者说绝大部分），这使得评论家们对勃鲁盖尔的评判与博斯紧密相连。荷兰学者多米尼克·兰普森尼尔斯（Dominicus Lampsonius）在其于1572年出版的书籍《几位德国著名画家的肖像》（*Pictorum aliquot celebrium Germaniae inferioris effigies*）中，将勃鲁盖尔称为“新的希罗尼穆斯·博斯”。在此之前，鲁多维科·奎恰尔蒂尼（Ludovico Guicciardini）也在其1567年所著的《荷兰全书》（*Descrittione di tutti i Paesi Bassi*）中提及勃鲁盖尔，称他为“第二个吉罗拉莫·博斯”，并把他称为“对（希罗尼穆斯·博斯的）博学和幻想的杰出模仿者”。奎

圣安东尼的诱惑（1556）
牛津，阿什莫尔博物馆

恰尔蒂尼总是能够从勃鲁盖尔光怪陆离的绘画作品中辨识出他的绘画与博斯的绘画之间的联系。奎恰尔蒂尼很可能为因循守旧的传统评论开辟了一条新的道路。

如果说勃鲁盖尔与博斯之间的相似之处在于他们都偏好描绘幻想中的事物，那么，他们之间的这种相似之处则不可避免地影响了历史学家和评论家对勃鲁盖尔的评判。勃鲁盖尔用他的画笔敏锐地表现这个世界，在他所描绘的世界中，人类的狭隘暴露无遗；他的创作中虽常带有警世的意味，却总能使人忍俊不禁。因此，无论是在卡勒尔·凡·曼德尔（Carel van Mander）于17世纪所著的传记中，还是在波德莱尔（Baudelaire）于19世纪所著的作品中，勃鲁盖尔总是被称为“小丑皮埃尔（Piet den Drol）”——滑稽的彼得。这种将勃鲁盖尔作品中的内涵与他本人的显著个性特征联系在一起的解读，导致了数个世纪以来对勃鲁盖尔形象的一种误读——错误地将勃鲁盖尔归类于“农民画家”的范畴，将他视为一代原始派艺术家的先驱。这些原始派艺术家从具有原始自发性的早期艺术中识别出艺术表达的真实特征，使其在现代美学中占据了重要地位。

《七宗罪》系列之一《傲慢》（1557）
局部
巴黎，荷兰学院

身份的转换

彼得·柯克·凡·阿尔斯特（1572）
佚名
布鲁塞尔，阿尔伯特一世皇家图书馆

勃鲁盖尔的学徒生涯是从彼得·柯克·凡·阿尔斯特（Pieter Coecke van Aelst）的画室开始的。凡·阿尔斯特是一位十分多产的艺术家，他的作品涵盖绘画、彩色玻璃画、挂毯、雕塑和建筑等多种创作形式。勃鲁盖尔极有可能是在这位导师于1550年去世后，才决定离开他的画室，并在安特卫普的圣卢克画家公会注册，独立开始自己作为一名画家的职业生涯的。

柯克并不仅仅是一位著名的画家，也是这个城市文化景观中一个

安特卫普城市景观图（16世纪末至17世纪初）
佚名

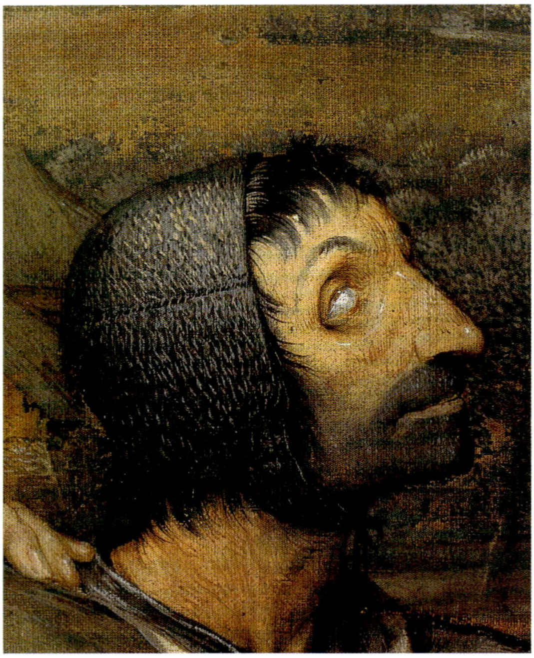

盲人的寓言（1568）
局部
那不勒斯，卡波迪蒙特国家博物馆

耶稣与犯通奸罪的女人（1565）
局部
伦敦，考陶尔德艺术学院

世界性的人物。他过去曾经担任卡洛斯五世（Carlo V）的宫廷画师，长期在异国游历，甚至于1533年曾前往君士坦丁堡（Costantinopoli）。归国后，柯克获得了人们的广泛认可，并被委任圣卢克画家公会会长这一要职。当时，安特卫普这个城市以其居民中有大量的艺术家而自豪。1560年，在其人口不足9万的居民中，艺术家就有360人。因此，从政治均势的角度来看，画家公会会长这一角色对于这个城市来说是举足轻重的。在一位如此著名的艺术家的画室做学徒，并从他的庇护中受益的事实，对于勃鲁盖尔而言，相当于一张进入竞争激烈的艺术世界的最好名片。

令人惊讶的是，柯克对勃鲁盖尔在为人处世方面的影响，甚至远远超过了对他在绘画风格上的影响。

从某种程度上来说，这位年轻的艺术家几乎可以被视作柯克家的养子。事实上，后来勃鲁盖尔还迎娶了柯克的女儿，且他未来的岳母——细密画和水彩画画家梅肯·维胡斯特·贝斯莫（Mayeken Verhulst Bessemers）——在很多年之后还成为老扬·勃鲁盖尔（Jan Brueghel il Vecchio）的绘画导师。凡·曼德尔，这位已故的传记作者

希罗尼穆斯·科克（1572）
佚名
布鲁塞尔，阿尔伯特一世皇家图书馆

为我们记述了许多关于勃鲁盖尔的生活逸事，描绘了艺术家宁静祥和的家庭景象。谈及勃鲁盖尔这些年的学徒生涯以及他与柯克一家的亲密情谊时，凡·曼德尔写道：“在彼得·柯克·凡·阿尔斯特那里居住时，勃鲁盖尔从柯克女儿小时候起就时常把她抱在怀中，后来他们结婚了。”

凭借和柯克的情谊，勃鲁盖尔或许得以接触到这个家庭的另一位成员——柯克的姐夫，画家扬·凡·阿姆斯特尔（Jan van Amstel）。这位画家过去曾被艺术史学家们认为是一位被称为“布伦瑞克花押字专家（Monogrammista di Brunswick）”的匿名艺术家。与柯克相比，勃鲁盖尔或许更多地从阿姆斯特尔那里借鉴了其早期作品的风格，以及绘画技法上的一些明显特征，特别是绘画基底的准备，以及柔和笔触的使用——这种笔触使画面的色彩更加流畅。

这些用于制备颜料、画板以及画布的技巧秘诀在身处画室的大师间代代相传，并被不断改进，同时也帮助我们还原出了勃鲁盖尔在那些年的成长轨迹。

1551 年，勃鲁盖尔与彼得·鲍尔登合作，为梅赫伦的手套制作者公会绘制上文中提到过的祭坛画。据我们所知，勃鲁盖尔所绘制的部分——三折画的左右两翼部分——很可能是灰色单色画（grisaille）形式的。灰色单色画是一种可用于墙面、彩色玻璃、珐琅甚至挂毯的绘画形式。在那个时代，安特卫普以出产灰色的单色挂毯而闻名。据此可以推测出，勃鲁盖尔正是在这座城市尝试了这种灰色单色画的技法。

在勃鲁盖尔的创作中，水彩和布面蛋彩画技法的使用贯穿了始终。这一点可以在他的作品中得到佐证：

他在布鲁塞尔创作的早期作品《贤士来朝》（*L'adorazione dei Magi*）中曾使用过这种技法，而在他晚期的几幅杰作，例如《耶稣与犯通奸罪的女人》（*Cristo e l'adultera*）和《盲人的寓言》（*La parabola dei ciechi*）中，他再次使用了这种技法。此外，勃鲁盖尔对大型作品的偏好极有可能表明了他一直使用的是同一种规格的画布，而这种画布通常是为那些几乎专门创作挂毯的艺术家批量生产的。

在勃鲁盖尔早年的画家生涯中，另一位重要的艺术人士是出版商兼印刷商希罗尼穆斯·科克（Hieronymus Cock）。在四风（Aux Quatres Vents）出版社，勃鲁盖尔为版画设计图稿。他所创作的那些版画图稿，使他被人文主义者和文艺事业资助者等文人雅士所知。直到大约1560年，在艺术家和收藏家的圈子里，勃鲁盖尔尤以绘图员的身份而闻名。而正是通过版画艺术，他的名字开始和希罗尼穆斯·博斯这位已于1516年去世的尼德兰画家的名字联系在一起。

在勃鲁盖尔的时代，人们对博斯作品的热情还远远没有消失。由博斯的作品衍生出了一个利润丰厚的市场——版画市场。在当时，艺术家们常在创作中将自己的作品伪造成饱受好评的前辈们的作品，在这一点上他们往往并无太多顾忌。

就这样，在科克的印刷所工作的那些年里，勃鲁盖尔把自己的成功与博斯的成功混为一谈，直至后来招致了对他的作品和才华具有相当误导性的判断，最终几乎使他被曲解：瓦萨里（Vasari）在《艺苑名人传》中将他称为“博斯第二”；艺术评论界直至19世纪末仍严格依照勃鲁盖尔的艺术表达特点，将其视为博斯的追随者，认为他不具有原创的才华。即使在今天，很多版画仍然难以确定是出自博斯还是勃鲁盖尔之手。但可以肯定的是，1557年科克通过出版那些署名为博斯但实际上却是由勃鲁盖尔所创作的作品而获利颇丰。也就是在那一年，《大鱼吃小鱼》（*I pesci grossi mangiano i pesci piccoli*）这幅最著名同时也最引人瞩目的伪作出版了。

学校的驴子（1556）

柏林，新国家美术馆铜版画陈列室

不可或缺的意大利之旅

勃鲁盖尔在安特卫普这样一座充满文化推动力、汇集文人雅士与权贵商贾的城市中，结识了许多重要的人物。或许是为了结识更多的人，也有可能是受到了学识渊博的科克的鼓动，勃鲁盖尔在加入圣卢克画家公会后，决定前往意大利进行修业旅行。对于那个时代的欧洲艺术家们而言，意大利是他们成长为一名艺术家过程中的必去之地。当然，还有其他一些同样重要的因素也对促成这个选择起到了作用。例如，大约在16世纪中叶，安特卫普面临着困境，城市的经济首当其冲，而经济危机则对收藏业和委托订单都产生了不利的影响，安特卫普的艺术全面陷入了危机。这迫使许多艺术家移居他乡，以寻求新的订单和灵感来源。

与那个时期的其他佛兰芒画家一样，勃鲁盖尔也深深地为意大利这个古典文化的摇篮而着迷——这个国家拥有无尽的具有美学魅力的宝藏、不可胜数的不朽艺术珍品和古代遗迹。此外，对于16世纪的佛兰芒艺术家而言，文艺复兴时期的

阿尔卑斯风景（1553）
巴黎，罗浮宫博物馆

阿尔卑斯大风景（约1558）
布鲁塞尔，阿尔伯特一世皇家图书馆

意大利修道院山间风景（1552）
柏林，新国家美术馆铜版画陈列室

意大利作为艺术家发源地的盛名已远播海外——对于那些想要与作出无与伦比的杰作的画家一决高下，抑或是钻研自己的表达方式的艺术家来说，意大利是他们艺术道路上的必经之地。

然而，不可忽视的是，从这次的意大利之旅以及在此之后的画作中可以看出，勃鲁盖尔以一种颇为独到的方式从意大利艺术中汲取了养分，而这意味着一种十分独特的艺术风格将会出现在他的许多作品中。

在这次旅行中，勃鲁盖尔所选择的路线则为我们还原出了他的古怪个性：他所探寻的路线与当时艺术家通常制定的考察路线相比颇为不同。在画家马尔腾·德·沃斯（Marten de Vos）的陪伴下，勃鲁盖尔首先去了法国，在里昂逗留，随后翻越了阿尔卑斯山的塞尼峰（il Moncenisio），最终抵达意大利，并在博洛尼亚（Bologna）停留。初到意大利时，与意大利的典型目的地罗马相比，勃鲁盖尔更偏爱南方地区，这片与佛兰德斯截然不同的土地上的令人神往的自然美景使他神魂颠倒。抵达那不勒斯（Napoli）之后，勃鲁盖尔有可能曾在卡拉布里亚（Calabria）稍作停留，也有可能直接一路行至西西里岛（Sicilia）。

雷焦卡拉布里亚城市景观图（约 1552）
鹿特丹，博伊曼斯・范伯宁恩美术馆

实际上，这位佛兰芒艺术家很有可能还曾到访过巴勒莫（Palermo）。位于巴勒莫的斯科拉法尼宫（palazzo Sclafani）的一组名为《死神的胜利》（*Trionfo della Morte*）的壁画与勃鲁盖尔创作的一幅现存于普拉多博物馆的同名作品有着某些相似之处。

这次意大利的南部之旅在我们熟知的许多作品中都有迹可循。

例如，现存于鹿特丹的博伊曼斯・范伯宁恩美术馆（museo Boijmans van Beuningen di Rotterdam）的《雷焦卡拉布里亚城市景观图》（*veduta di Reggio Calabria*），尽管保存得并不完好，受损十分严重，且在 17 世纪曾经历过明显的修改，但是从中我们仍然能够辨别出意大利之旅所留下的痕迹。与和谐的自然景色一样，那些年间发生的一些令人痛苦的事件也深深地震撼了勃鲁盖尔。在《雷焦卡拉布里亚城市景观图》中，巨大的烟柱迫近画面中的城市——这幅作品创作于 1552 年，土耳其海盗的袭击使卡拉布里亚的首府遭受了掠夺和破坏。

艺术家在这次旅行中的手稿是他创作后续作品时不断使用的珍贵素材。现藏于罗马多里亚潘菲利画廊（galleria Doria Pamphilj di Roma）的《那不勒斯城市景观图》的创作灵感就来源于这次修业旅行。事实上，若是没有意大利之旅中所留下的那些珍贵手稿，这幅作品几乎无法完成。

在由意大利南部返回佛兰德斯

那不勒斯城市景观图 | 那不勒斯港湾的海战（约 1562）
罗马，多里亚潘菲利画廊

朱里奥·科洛维奥的画像（约 1571）
埃尔·格列柯
那不勒斯，卡波迪蒙特国家博物馆

途中，勃鲁盖尔决定在罗马稍作停留。在罗马，他在一位与他过从甚密的重要人物——细密画家朱里奥·科洛维奥（Giulio Clovio，1498—1578）的带领下，进入罗马的文化界。勃鲁盖尔在罗马逗留时，曾造访过科洛维奥的工作室，因此查尔斯·德·托内（Charles de Tolnay）等艺术史学家们提出假设，认为科洛维奥的一些作品有可能出自勃鲁盖尔之手。可以肯定的是，有一份确凿的证据可以证实勃鲁盖尔与科洛维奥之间的情谊，那就是这位细密画家去世前所起草的遗产清单。

遗产清单中包括一份作品名录，名录中的作品如今已经遗失，其中有大量勃鲁盖尔的作品：一幅一半由科洛维奥自己完成、另一半由勃鲁盖尔完成的小型细密画，一幅里昂城市景观图，两幅风景草图，最后一幅是描绘通天塔（la torre di Babele）的小型象牙画——这幅画所表现的通天塔是勃鲁盖尔在此之后创作的两幅著名作品的主题。

1554年左右，勃鲁盖尔离开罗马，启程回国。即使在他所选择的路线上人们提出了不一致的假设（有人认为他经由阿尔卑斯山塞尼峰——更确切地说是由瑞士的山坡——翻越了阿尔卑斯山回到故乡，也有人认为他向东途经巴伐利亚的慕尼黑返回祖国），但有一个事实是肯定的：意大利的北部群山起伏，这种与荷兰相比如此独特的山地地形，给了艺术家极大的启发，以至于在他的版画以及风景画中都留下了不可磨灭的痕迹。他的风景画中随处可见那些优美景色的痕迹。

传记作者凡·曼德尔以生动形象的隐喻记录了这一点，他在自己的作品中写道：“勃鲁盖尔身处阿尔卑斯山时，‘吞咽’下了所有的山岳和峭壁，并在回家以后，将这一切都‘倾吐’在他的画布之上。”这种想象恰好适用于理解艺术家非同寻常的才能。艺术家利用这种能力，在他的作品中将虚构的元素巧妙地融合在直接取自现实的自然元素之中。例如，在陡然耸立的山峰中嵌入描绘农民在田野间专心劳作的场景，抑或在画面中不可思议地融入神话或民间文化的格言谚语来描绘现实。

意大利河流风景、圣家族和修道院 | 逃往埃及途中的休息（约1553—1554）局部
柏林，新国家美术馆铜版画陈列室

里帕景观图（约 1552—1553）
查茨沃斯，德文郡公爵与查茨沃斯信托

风景与圣吉罗拉莫（1553）
华盛顿，国家艺术馆

《教皇哈德良六世》复制品（约 1522）
扬·凡·斯科列里
鲁汶大学

古罗马斗兽场前的自画像（1553）
迈尔顿·范·希姆斯柯克
剑桥大学，菲茨威廉博物馆

佛兰芒画家在罗马

意大利艺术，尤其是罗马范围内的艺术与16世纪的佛兰芒艺术之间的交流历史，为我们还原了当时十分多彩的文化概况。佛兰芒艺术家在意大利寻找到了他们所需要的创作灵感，这使他们由专注表现细枝末节转向描绘更为宏大的事物，这一说法绝非妄言。意大利的教堂和宫殿中所保存的那些壁画使这些“北方来的人”不由得感到惊讶，以至于他们中的许多人放弃了自己细致讲究的风格特征；同时，他们绘画的技巧也变得更松弛舒展。

佛兰芒与罗马之间的联系是以一种非常独特的方式建立起来的。当时，哈德良六世（Adriano Ⅵ）接替利奥十世（Leone Ⅹ）继任教皇。这位来自乌特勒支（Utrecht）的教皇仅于1522年至1523年在位，任期不足两年。

哈德良六世委托于同年抵达罗马的荷兰人扬·凡·斯科列里（Jan van Scorel）为他完成两幅画像（如今已经遗失），并指导教皇收藏。十年之后，一位来自安特卫普的年轻画家——弗朗兹·弗洛里斯（Franz Floris）的弟子马尔腾·德·沃斯移居罗马，为里帕（Ripa）的圣方济各教堂（chiesa di San Francesco）绘制了四幅小型画作《四季》（*Stagioni*）和一幅《圣母受胎图》（*Immacolata Concezione*）。佛兰芒艺术家在罗马的停留

罗马废墟风景（1536）
赫尔曼·普斯苏穆斯
瓦杜兹，列支敦士登王室收藏

所产生的决定性影响尤其体现在风景画这一体裁中。

这一点可以从波利多罗·达·卡拉瓦乔（Polidoro da Caravaggio）身上得到证明——难以想象若是没有像凡·斯科列里这样的前辈艺术家，波利多罗将如何完成圣西尔维斯特教堂（San Silvestro in Capite）礼拜堂中的大幅风景画。1536年，画家赫尔曼·普斯苏穆斯（Herman Posthumus）受雇为卡洛斯五世莅临罗马布置装饰。也就是从那时起，孕育着幻想和前浪漫主义精神的古典废墟开始成为亚科皮诺·德·孔戴（Jacopino del Conte）、佩林·德·瓦加（Perin del Vaga）以及萨尔维亚蒂（Salviati）等人的创作背景。16世纪末，“天鹅绒的勃鲁盖尔”——老扬·勃鲁盖尔开始崭露头角。同他的父亲一样，老扬·勃鲁盖尔也被永恒之城（Città Eterna，罗马的别称）的魅力所吸引。艺术史上的这一篇章——16世纪罗马的佛兰芒艺术家的这段历史，随着勃鲁盖尔结束意大利之旅以及鲁本斯（Rubens）于1608年返回安特卫普而画上了句号。

《大风景》系列之一《乡村树林》（1555）
布鲁塞尔，阿尔伯特一世皇家图书馆

精英阶层的画家

在意大利的居留对于勃鲁盖尔来说是一个转折点，他的作品自此显现出了新的特征。返回安特卫普之后，勃鲁盖尔恢复了和希罗尼穆斯·科克以及四风出版社之间的合作关系。正如前文提到的，在此之前，由于市场对博斯绘画的巨大需求，他此前的创作一直借鉴博斯作品中常用的主题，带有强烈的博斯的特征。但是从意大利返回安特卫普后，他创作刻印的方向与之前开始有所不同。例如，科克在1555年出版的名为《大风景》的一系列作品，这组作品由12幅版画组成。

暗日（1565）
局部
维也纳，艺术史博物馆

在这12幅版画中，勃鲁盖尔将眼光更多地集中于佛兰芒传统中的一种典型体裁——风景画。

勃鲁盖尔在风景画方面具有令人赞赏的天赋，且这种天赋经意大利之旅得到了巩固，再加上他日益增长的名望，这些因素都为他作品的广泛传播提供了保障。在此之前，他刻印的作品使他获得成功且受到尊敬，并使他有机会提升自己的名声。这次也是一样，他在这些年创作的风景画使他的美名在收藏家和显要人物之间流传开来，他们除了欣赏他的版画作品之外，也开始欣赏他的绘画作品，而那时绘画作品已经在勃鲁盖尔的创作中占据了主要地位。了解勃鲁盖尔作品的收藏市场对于帮助我们更好地理解他作品的口碑起伏不定的原因有很大帮助。

例如，现代历史学者在编纂勃鲁盖尔作品目录时所遇到的困难就

《大风景》系列之一《休息的士兵》（1555）
布鲁塞尔，阿尔伯特一世皇家图书馆

山间景色与设防的城市 | 英雄的城市（1553）
伦敦，大英博物馆

与这方面密切相关。他们所面临的最大问题是要区分出究竟哪些作品确实由勃鲁盖尔创作，又有哪些仅是声称由他创作。勃鲁盖尔亲手绘制的作品的总量屈指可数（仅有40幅左右），且这一数据中还加上了那些如今已经遗失的作品，以及原作的复制品——即使是一些很久之后的复制品。尽管数量稀少，但他的作品却给人以十分深刻的印象。这或许可以解释为，尽管公众对他并没有直接的认识——他的作品大都被收藏者小心翼翼地珍藏着，但是他作品的盛名还是越过了绘画陈列室的墙壁，传到了更为广泛的公众耳中。换句话说，正是因为这些作品成为精英阶层的收藏，所以勃鲁盖尔的作品才吸引了那些正在上升的新兴阶层，因为这些新兴阶层的品位极易受到上层社会的文艺资助者的影响。

而这些作品中蕴含的内容也是

1566 年安特卫普的一座教堂中毁坏圣像的情景（1583）
佚名
德国版画

它们受到赞赏的原因之一。勃鲁盖尔的画作如此富于晦涩深奥的含义，在内行人眼中几乎如同炼金术哲学。勃鲁盖尔的画作由于蕴含着深刻含义而受到人们的赞扬，甚至可以说这是他的作品在当时受到追捧的主要原因。勃鲁盖尔画作的内涵激起了欣赏者的兴趣，深深吸引了他们。同时，欣赏者的圈子还在不断扩大。

这些人或是认为自己在意识形态上属于赞助者的精英阶层；或是希望融入其中，成为他们中的一员。对勃鲁盖尔作品的收藏将会持续繁盛数个世纪，在这种影响广泛的收藏中，涉及的著名人物包括担任荷兰国务委员会主席的枢机主教安托万·佩尔诺特·德·格朗韦勒（Antoine Perrenot de Granvelle）、权贵尼古拉斯·扬格林克（Niclaes Jonghelinck）、地理学家亚伯拉罕·奥特利斯，以及其他一些学者、著名教士、国家官员和金融巨头。

贤士来朝（约 1555—1557）
布鲁塞尔，比利时皇家美术博物馆

勃鲁盖尔作品收藏者的社会地位不断提高，甚至在安特卫普狭窄的城墙之外，收藏者的数量也在不断增加。随之而来的结果是，在勃鲁盖尔的眼中，安特卫普这座城市已经不能满足他成为一名成功艺术家的雄心和抱负。安特卫普坐落于国际经济和贸易网的中心，这张网连接着亚洲与非洲、美洲之间的经贸往来。这座城市在 16 世纪中叶之后不久就达到了其扩张的顶峰，并在此之后战胜了危机，变得非常稳定。这使得与前些年相比，安特卫普的增长有所停滞。这座多文化、多宗教的大都市，在社会融合这方面面临着不断加重的困难，其中最主要的就是宗教方面的困境。在这个天主教占主要地位的社会中，天主教教徒与日益增加的加尔文派教徒、路德派教徒和浸礼会教徒之间

在这12幅版画中，勃鲁盖尔将眼光更多地集中于佛兰芒传统中的一种典型体裁——风景画。

勃鲁盖尔在风景画方面具有令人赞赏的天赋，且这种天赋经意大利之旅得到了巩固，再加上他日益增长的名望，这些因素都为他作品的广泛传播提供了保障。在此之前，他刻印的作品使他获得成功且受到尊敬，并使他有机会提升自己的名声。这次也是一样，他在这些年创作的风景画使他的美名在收藏家和显要人物之间流传开来，他们除了欣赏他的版画作品之外，也开始欣赏他的绘画作品，而那时绘画作品已经在勃鲁盖尔的创作中占据了主要地位。了解勃鲁盖尔作品的收藏市场对于帮助我们更好地理解他作品的口碑起伏不定的原因有很大帮助。

例如，现代历史学者在编纂勃鲁盖尔作品目录时所遇到的困难就

《大风景》系列之一《休息的士兵》(1555)
布鲁塞尔，阿尔伯特一世皇家图书馆

山间景色与设防的城市 | 英雄的城市（1553）
伦敦，大英博物馆

与这方面密切相关。他们所面临的最大问题是要区分出究竟哪些作品确实由勃鲁盖尔创作，又有哪些仅是声称由他创作。勃鲁盖尔亲手绘制的作品的总量屈指可数（仅有 40 幅左右），且这一数据中还加上了那些如今已经遗失的作品，以及原作的复制品——即使是一些很久之后的复制品。尽管数量稀少，但他的作品却给人以十分深刻的印象。这或许可以解释为，尽管公众对他并没有直接的认识——他的作品大都被收藏者小心翼翼地珍藏着，但是他作品的盛名还是越过了绘画陈列室的墙壁，传到了更为广泛的公众耳中。换句话说，正是因为这些作品成为精英阶层的收藏，所以勃鲁盖尔的作品才吸引了那些正在上升的新兴阶层，因为这些新兴阶层的品位极易受到上层社会的文艺资助者的影响。

而这些作品中蕴含的内容也是

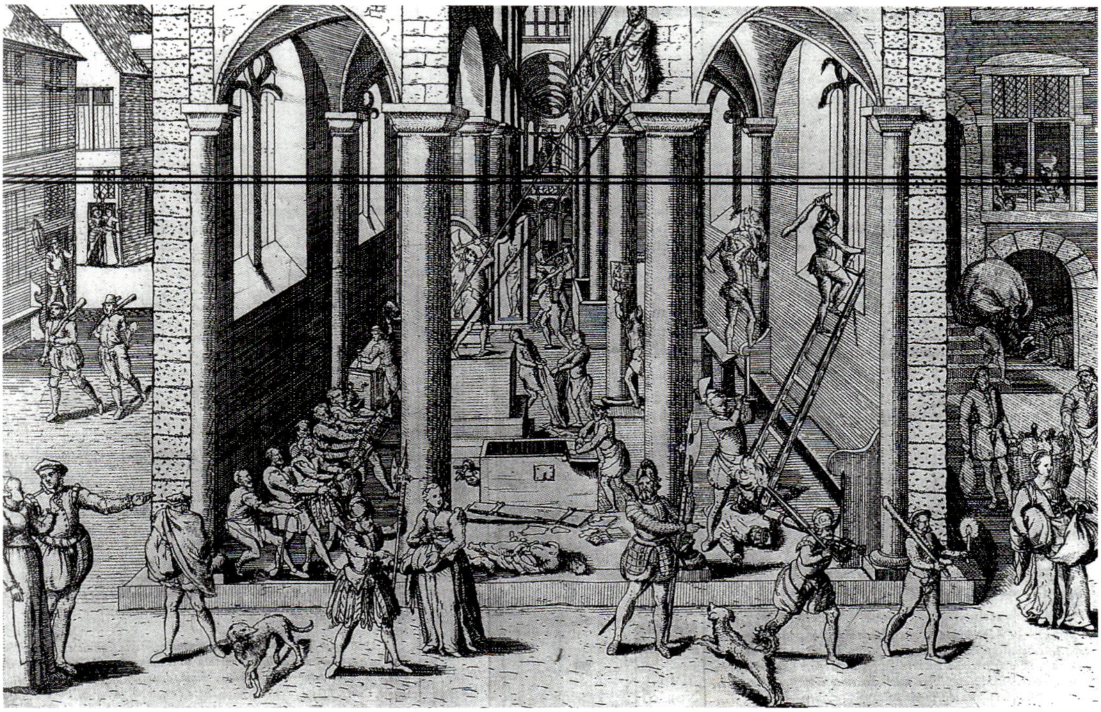

1566年安特卫普的一座教堂中毁坏圣像的情景（1583）
佚名
德国版画

它们受到赞赏的原因之一。勃鲁盖尔的画作如此富于晦涩深奥的含义，在内行人眼中几乎如同炼金术哲学。勃鲁盖尔的画作由于蕴含着深刻含义而受到人们的赞扬，甚至可以说这是他的作品在当时受到追捧的主要原因。勃鲁盖尔画作的内涵激起了欣赏者的兴趣，深深吸引了他们。同时，欣赏者的圈子还在不断扩大。

这些人或是认为自己在意识形态上属于赞助者的精英阶层；或是希望融入其中，成为他们中的一员。对勃鲁盖尔作品的收藏将会持续繁盛数个世纪，在这种影响广泛的收藏中，涉及的著名人物包括担任荷兰国务委员会主席的枢机主教安托万·佩尔诺特·德·格朗韦勒（Antoine Perrenot de Granvelle）、权贵尼古拉斯·扬格林克（Niclaes Jonghelinck）、地理学家亚伯拉罕·奥特利斯，以及其他一些学者、著名教士、国家官员和金融巨头。

贤士来朝（约 1555—1557）
布鲁塞尔，比利时皇家美术博物馆

勃鲁盖尔作品收藏者的社会地位不断提高，甚至在安特卫普狭窄的城墙之外，收藏者的数量也在不断增加。随之而来的结果是，在勃鲁盖尔的眼中，安特卫普这座城市已经不能满足他成为一名成功艺术家的雄心和抱负。安特卫普坐落于国际经济和贸易网的中心，这张网连接着亚洲与非洲、美洲之间的经贸往来。这座城市在 16 世纪中叶之后不久就达到了其扩张的顶峰，并在此之后战胜了危机，变得非常稳定。这使得与前些年相比，安特卫普的增长有所停滞。这座多文化、多宗教的大都市，在社会融合这方面面临着不断加重的困难，其中最主要的就是宗教方面的困境。在这个天主教占主要地位的社会中，天主教教徒与日益增加的加尔文派教徒、路德派教徒和浸礼会教徒之间摩擦不断，而这些新教徒本身在西班牙统治时期就长期受到迫害。勃鲁盖尔通过通天塔——这个在他作品中一再出现的主题，毫不掩饰地影射了这种令人痛苦的矛盾冲突。在勃鲁盖尔眼中，这个社会由于对侵略的恐惧以及缺乏相互之间的理解而故步自封，这个在信仰方面表面上自由开放的社会正逐步陷于痛苦的冲突纷争之中。在1557年的一幅题为《大鱼吃小鱼》、署名为博斯的版画作品中，勃鲁盖尔似乎想通过一种幻想的隐喻来表现“弱肉强食，适者生存”这种极端且粗暴的市场选择规律：画面中的小鱼所代表的人民不仅被国家机器所吞噬（其中最大的鱼被一把刻有帝国徽章的刀开膛破肚），还被更大的掠食者——不受约束的贸易和资本世界所吞噬，而这一切都与安特卫普这座城市的情况如此相似。

1562年，勃鲁盖尔离开安特卫普，在布鲁塞尔定居。在1562年的另一幅作品中，勃鲁盖尔以同样辛辣的讽喻，给我们留下了对于道德谴责的最终审判。在《两只猴子》

《七宗罪》系列之一《懒惰》（1557）
维也纳，阿尔贝蒂娜博物馆

大鱼吃小鱼（1556）
维也纳，阿尔贝蒂娜博物馆

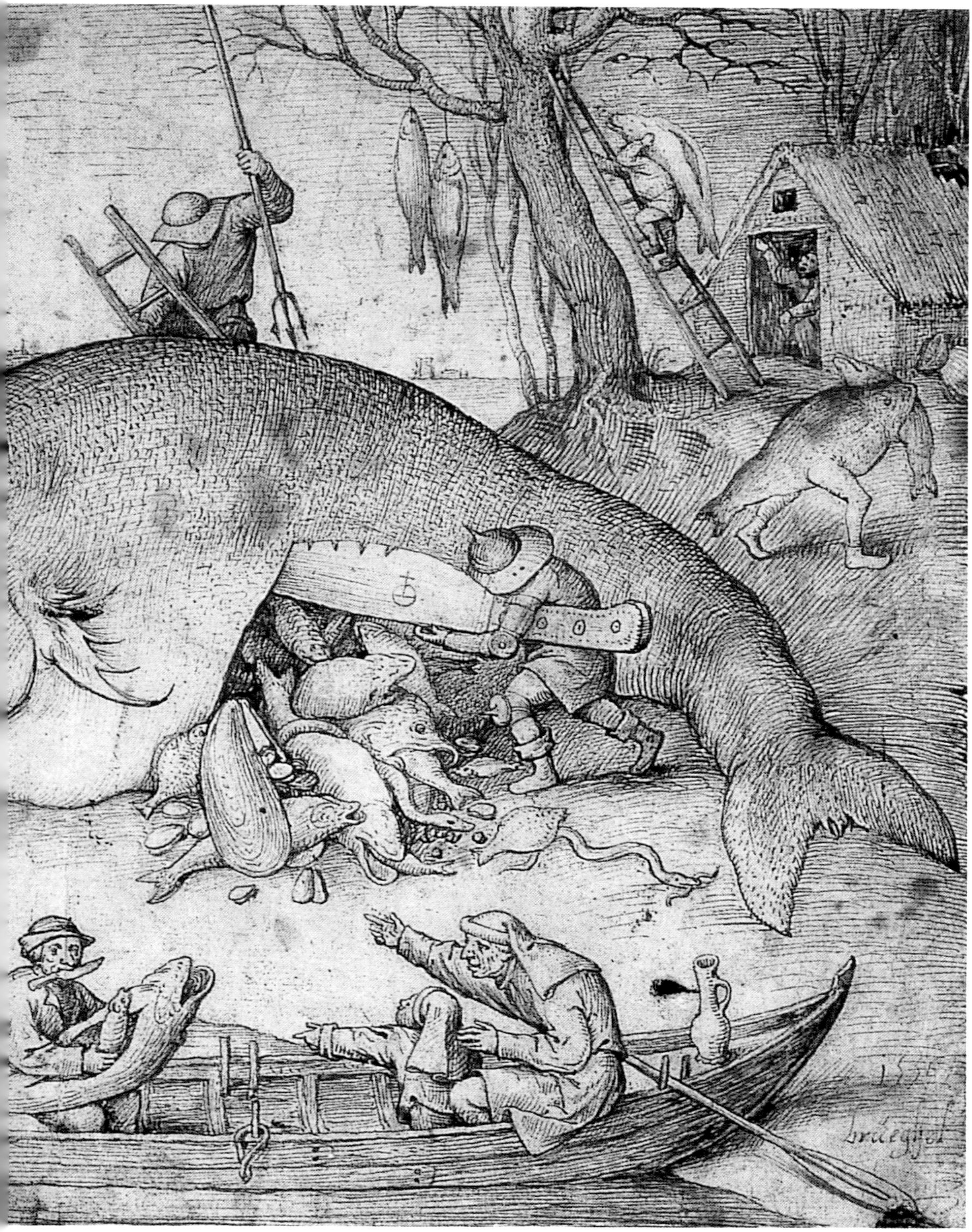

大鱼吃小鱼（1557）
布鲁塞尔，阿尔伯特一世皇家图书馆

这幅画中，勃鲁盖尔描绘了一对被铁链拴在一座建筑物窗前的猴子，从建筑物厚厚的墙壁可以看出这应该是一座堡垒。在这两只猴子的背后，安特卫普开阔的海岸向远方延伸，船只停泊在港口的海湾里，但那两只猴子却对身后开阔的视野毫不关心，只专注于弄碎和咀嚼手中的胡桃。在基督教文化相关的图像学含义中，猴子暗指愚蠢，与七宗罪中的傲慢、贪婪有关。而胡桃则似乎使人想起一句佛兰芒民间谚语的寓意——为了一颗榛子打官司。在安特卫普这样一座城市里，少数人出于贪婪和欲望，为了获取个人的利益不惜利用文明社会的自由和集体利益，这无疑将公民的自由和集体利益置于危险的境地。

两只猴子（1562）

柏林，国家博物馆

◀ **疯狂的格利特 | 疯狂的梅格**（1562）
局部
安特卫普，梅耶博物馆

1555—1562 在怪物的土地上

民间文化的细节

在安特卫普的那些年，勃鲁盖尔作为一名画家取得了成功。他的作品备受上流社会顾客的欢迎，这些上流社会人士用他的作品装饰自己豪宅的内部。用艺术品作为室内装饰标志着16世纪形象艺术作品在收购方面的重要转变。在16世纪，绘画由一种受限于委托人和环境的艺术作品，很快变得与其现代意义相近，成为一种适合在任何环境中使用的装饰品。在佛兰芒，艺术作品的这种社会意义的变化还伴随着风俗画的兴起和传播，勃鲁盖尔恰恰就是创作风俗画这种绘画体裁最杰出的先驱者之一。

摆脱了监管和宗教委托的限制，绘画不再像以往那样千篇一律，创作的主题变得多样化。如果说博斯的作品遵循的仍然是中世纪的表现手法，那么勃鲁盖尔则从他接触到的一种人文主义文化中得到了启发。委托他进行创作的订单也不再局限于宗教题材，而几乎全为世俗题材。所以在他的绘画作品中，与民间文化相关的主题占据了首要位置。然而与之形成对比的是，在同时期意大利的绘画背景下，严格说来，画作的主题仍然由那些贵族或笃信宗教的订单委托人决定，因此与民间文化相关的主题很难得到重视。

同时，民间智慧、谚语和格言等口头传说反映了统治阶级的文化与下层阶级的文化相互渗透、相互影响的关系。

16世纪中叶，在北欧和中欧的民间仍然遗留有欧洲中世纪高雅文化的根基。那时人们尚未设想过，在不久之后的荷兰，伴随着明斯特（Münster）浸礼会教徒的统治和农民起义，霸权主义将会引发一场残酷的社会分裂的纷争，并持续压制和控制下层的群众，如同斧子一般劈砍在社会最边缘群体——游民、行乞者和精神失常者的身上。

为了充分理解这些文化交流的遗留对勃鲁盖尔的意义，可能需要像有人曾做过的那样，思考他的画作与弗朗西斯·拉伯雷（Francois Rabelais）的作品的相似之处。在《巨人传》（*Gargantua e Pantagruel*，1564）中，拉伯雷这位法国作家生动地呈现了各式各样的奇异情境。在这些情境中，作者以各色逸事和滑稽人物作为背景，打破常规地描绘了道德的沦丧和人类的苦难。和拉伯雷一样，勃鲁盖尔也在他的作品中记录那些“粗鄙”的民间智慧和“丑行”，以及那些低级趣味的笑话，用以揭露他所生活的社会中存在的那些虚伪的价值观。

在1558年的作品《十二箴言》（*Dodici proverbi*）中（这幅作品有可能仅是一幅勃鲁盖尔原作的复制品，并非所有的学者都认同它的真实性），艺术家采用了一种对木版画创作而言很不寻常的创作方法。这12幅小图原本是分开的，并且通常被作为筹码使用。这12幅作品为勃鲁盖尔日后在画面中再次表现同样的箴言做了铺垫。

在随后的一年里，勃鲁盖尔重拾了这一主题，构思了一幅在创作结构上更为错综复杂的作品——《佛兰芒谚语》（*Proverbi fiamminghi*）。勃鲁盖尔在这幅画中描绘了一个村

为弗朗西斯·拉伯雷的《巨人传》第四部第三十六章所作插图（1854）
古斯塔夫·多雷

庄，整个村庄里涵盖了足足120个同样与民间谚语有关的场景。勃鲁盖尔在画面中采用了一种偏离轴线的透视灭点，将一切都置于画面的右侧。与文艺复兴时期的传统透视方法相比，这种透视方法很少被使用。

这种独特的透视法使得各个场景在位置安排上并没有一条主要的叙述线索，从而使观者产生迷惑，

十二箴言（1558）
安特卫普，梅耶博物馆

传达给他们一种“世界颠倒”的感觉。

在这些年里，勃鲁盖尔在创作中重新融入了格言、谚语和充满幻想的传说等一系列民间文化。他创新了传统，使这些图像学的艺术财富焕然一新。这种传统和图像学艺术可以追溯至中世纪之前，乃至基督教诞生之初。在这种中世纪的图像学艺术中，那些可怕的怪物被具象为一些名为“格里洛”的形象，这些怪物的形象充斥在中世纪的各类装饰性图画中——无论是手抄本中的袖珍画插图中，还是建筑的屋顶上，抑或是大教堂的正门上，处处可见这些怪异的生物。在博斯的画作中，这些怪物形象构成了他最著名的作品中那个光怪陆离的恐怖世界。

勃鲁盖尔也受到了这类幻想的影响，但是他似乎将表达的重点由仅仅单调地重复那些恐怖和超自然的情景转移到了描绘人性内部堕落的延伸——伪装、讽刺以及怪诞上。在创作过程中，勃鲁盖尔所使用的象形艺术体裁尽管流传甚广，但是

佛兰芒谚语（1559）
柏林，国家博物馆

最后的审判（1558）
维也纳，阿尔贝蒂娜博物馆

却从未得到宫廷绘画的重视和承认，因为宫廷绘画更加倾向于表现圣像以及神话中的形象。

16世纪50年代末期的一幅名为《圣马丁的葡萄酒》（*Il vino di san Martino*）的作品（由勃鲁盖尔所作的原作已经遗失，仅存由小彼得·勃鲁盖尔所作的残存部分，以及由其他画家创作的复制品）中，描绘了圣人生活的一个片段，但这仅是这幅画想要表达的间接主题。在荷兰，圣人崇拜在农民之间十分流行，每到葡萄收获的时节，人们还会为圣人举办节庆活动和盛宴。勃鲁盖尔借鉴了民间描绘、复印画作以及那些每逢节日张贴在安特卫普内外的“招贴画”，对这种在荷兰民间盛行的圣人崇拜进行了描绘。占据这幅画中心位置的，不是骑在马背上的圣人马丁，而是一片拥挤的人群。画面中的人们正在相互厮打、推搡，争抢从一个巨大木桶中倒出的葡萄酒。醉酒的农民们面色红润，从这些栩栩如生的人物形象中，我们可以看出勃鲁盖尔对描绘人性的显著偏好。

他在捕捉和表现人性时使用了

一种独特的肖像画手法，然而，我们却很难将这种特殊的肖像画手法与勃鲁盖尔这样一位画家联系起来，因为他仅给我们留下了屈指可数的几幅人物画，他的作品中甚至没有一幅称得上是真正的肖像画。

勃鲁盖尔这种对人性进行写实描绘的兴趣也可以在一些真正的观相术研究中得到证实。勃鲁盖尔所描绘的人像作品与同样偏好表现人物的达·芬奇的作品，在原创性和质量上都无法相提并论。勃鲁盖尔对人性的写实注重详细描绘他们千奇百怪的动态，例如正在打哈欠的男人，还有戏剧中的人物面容以及形似女巫的年迈农妇。此外，他还以审慎的表达和锐利的目光描绘了几位“文化人”，他们中既有虔诚的教徒也有世俗的普通人。勃鲁盖尔的作品最动人的地方之一就是成功地将绘画的视角集中于几个世纪以来一直都被置于次要地位的配角们身上。

可能是出于这个目的，他创作了受到宗教主题启发的另一幅画作《播种者的寓言》(*Paesaggio con la parabola del seminatore*)。这幅创作于1557年的作品灵感来源于耶稣讲述的一个寓言，这个寓言被记述在《马太福音》(*Vangelo di Matteo*)中。在这幅作品中，艺术家选择了风景画一般的环境背景。

在这样的环境背景中，描绘的

圣马丁的葡萄酒(17世纪上半叶)
局部
佚名
布鲁塞尔，比利时皇家美术博物馆
遗失原作的复制品

圣马丁的葡萄酒(约1559)
局部
维也纳，艺术史博物馆

农民的舞蹈（约 1568）
局部
维也纳，艺术史博物馆

年迈农妇的头像（约 1568）
慕尼黑，老绘画陈列馆

核心几乎消逝在自然风貌之中。在画面的右侧，远处可见一小群追随者聚集在耶稣的身边，很难从密密麻麻的人群中辨认出耶稣。而在画面的近景处，与右侧布道场景呈对角线遥相对应的，是一位正在专心播种的农民，他所耕种的土地由于粗糙且布满岩石而十分贫瘠。而在画面的背景中，太巴列湖（il lago di Tiberiade）在山脉间延展，群山消失在一片近乎蓝色的迷雾中。

勃鲁盖尔将画中所描述的场景分为三部分，并且在每一部分中都使用与其气氛相称的色彩（前景中使用暗色调，布道的场景使用中性色调，远景使用炫目的光晕），这表现出了他集绘画之大成的卓越能力。他倾向于在绘画中还原出真实的大自然，这对于当时传统的佛兰芒风景画是一个创举。

农民的婚礼（约 1568）
局部
维也纳，艺术史博物馆

播种者的寓言（1557）
圣地亚哥，铁姆肯艺术博物馆

小大人的游戏

依照古代历史的惯例，人们常通过逸事来了解人物的显著特征。在记述勃鲁盖尔生平的传记中，凡·曼德尔证实了这位艺术家“是一个安静的人，寡言少语，但却是一个良伴，他是一个风趣幽默的人，而且喜欢用鬼故事和许多其他的恶作剧来吓唬别人，或是戏弄自己的助手”。凡·曼德尔在勃鲁盖尔死后才记录下这些信息，而且这些信息只是间接获得的，其可靠性值得商榷。尽管如此，它们还是为我们还原出当时人们眼中勃鲁盖尔的形象，以及为人们在他的作品中欣赏到的东西提供了依据。

在对人与世界的描绘中，勃鲁盖尔所表达出的那种尖锐讽刺和滑稽感是他最为独到的一种绘画风格。他的这种绘画风格一直细致地关注那些此前完全被忽略的现实分裂。例如，在《儿童的游戏》（*Gioghi di fanciulli*，1560）这幅作品中，勃鲁盖尔集中表现了童年这一主题。而在此前的艺术史中，童年这个主题通常是通过古典神话或者正式肖像画来表现的。

儿童的游戏（1560）
维也纳，艺术史博物馆

勃鲁盖尔在这幅画中采用了貌似十分混乱的场景布局，画面几乎丰富到了荒谬的程度。他在画中描绘了一个虚构村庄中的生活片段，在这个村庄中居住的全部是儿童。画面中描绘的儿童多达250个，画家似乎试图通过这些儿童将当时多种多样的游戏和消遣娱乐活动全部列出。

这幅画具有讽喻的价值——成年人否认那些无关紧要的事物的存在意义，而这幅画就如同对他们的一个告诫。除了讽喻的价值之外，这幅画还具有如同历史文献般的重要性，使我们能够更加深入地直接了解那个世界，了解那个时代。在那时，童年仅被视为人成长过程中的一部分，而不是被独立视为成年前的一段时期。直到17世纪以后人们才普遍认同这一观点：儿童的童趣和感情世界是个人成长和社会发展的一个阶段。在那个转折点之前，不仅仅是图像证据，关于这一主题的所有证据都十分稀缺。从这个意义上来讲，勃鲁盖尔的这幅画作或许是其中最珍贵的视觉文献之一。因为在这幅画中，他通过介于物质

儿童的游戏（1560）
局部
维也纳，艺术史博物馆

儿童的游戏（1560）
局部
维也纳，艺术史博物馆

性（即玩具）与象征性的姿势（即游戏）之间的图像，描绘了人类演化的主要现象。此外，这幅画还惊人地显示出了学习过程的痕迹，以及对成人世界的认识。

画中的儿童全神贯注地投入周边环境和身边事物之中，他们从游戏中获得的意义颠覆了成年人通常的认识。机械性的场景、形似木偶般的画面人物僵硬的肢体，以及他们十分相似的面部特征——这些充斥于勃鲁盖尔许多画作中的元素，正如我们之前所说的那样，都与一种暗喻有关：在虚构的游戏场景中，儿童的那些成人化的行为举止象征着罪恶的荒谬，象征着社会关系中占主导地位的那种政治和文化上的怠惰。

在此有必要再一次强调这种对世界的形象化阐释所具有的文化价值。在《巨人传》（*Gargantua e Pantagruel*）第二部中，拉伯雷描写了巨人高康大（Gargantua）十分有趣的童年故事，并通过这些故事与读者进行交流。巨人高康大，这个体形巨大的孩子，玩着木制的动物小玩具，并时不时将这些玩具当作真正的动物强送给客人，使他们惊慌失措地逃开——在这个故事片段的核心中，人们也能感受到同样的荒谬之处，这种颠覆一切的荒诞为观众即读者指出并揭露了这个世界赤裸裸的真相。

为弗朗西斯·拉伯雷的《巨人传》第二部第四章所作插图（1854）
古斯塔夫·多雷

▶ 儿童的游戏（1560）
局部
维也纳，艺术史博物馆

生活是狂欢节，现实是四旬斋

随着路德教派和加尔文派的推进，这些教派与天主教之间对抗的含义已经远远超出了宗教本身含义的范畴。新的信仰相信人以及其自身与神性相联系的可能性，就是这种信仰导致了各个教派间对抗的产生，而这种教派间的对抗最终成为一种意识形态上的对立。

勃鲁盖尔就是在这种文化风气下生活和创作的，因此他对日常风俗和民间传统方面的兴趣呈现出了一种全新的特征，而这表明了当时新的统治阶级与下层阶级之间的相互影响。例如，从绘画的角度看，文学作品如年鉴、诗歌、制作法以及对奇闻异事和圣人生平事迹的记录，使得对宿命论和定数论的丰富认知焕发了新的生机。几个世纪以来，当新的思想和理论被确立和流行时，这种奇妙而神秘的宿命论却一直都受教会法典和肖像学模式化思想的影响，只能通过一种僵化的形式得以幸存。

狂欢节作为一种民间神话以及一种人类学仪式，其本质是赞颂丰产与充裕，赞颂时间更迭、除旧布

狂欢节与四旬斋之战（1559）
维也纳，艺术史博物馆

狂欢节与四旬斋之战（1559）
局部
维也纳，艺术史博物馆

新的能力。

狂欢节为勃鲁盖尔的创作提供了灵感，使他在1559年创作了其最著名同时也最受赞赏的作品之一——《狂欢节与四旬斋之战》（*Combattimento fra Carnevale e Quaresima*）。或许是难以忘记狂欢节时安特卫普街头或乡村市郊那种如画般的节日景象，勃鲁盖尔在这幅作品中直白地对天主教阻挠宗教改革进行了抨击——当时的天主教会认为宗教改革运动是罪恶出现的预兆，认为其在民众间传播沉迷于享乐和消遣的异教思想。勃鲁盖尔在这幅作品中谴责了天主教对宗教改革运动进行指控的行为。评论家们对这幅画中两位主角的身份这一问题达成了一致意见——画面中代表狂欢节的胖子和代表四月斋的瘦弱女人被认为分别是路德教派和天主教派的拟人化象征。而这种解读绝非偶然，大多数评论家一直坚持从勃鲁盖尔的作品中引出对蒙昧主义的负面和道德的阐释。

几乎如同戏剧开场一般，分别象征着对立教派的两个人物出现在画面的前景中。在左侧，大腹便便、趾高气扬的狂欢节骑在一个木桶上，挥舞着一柄长长的烤肉杆，杆上还穿着宴会上残留的食物，而他所骑着的木桶下是一架蓝色的爬犁。画面左侧中景里有一家小旅店，这家旅店挂着的招牌上的船的颜色和那架蓝色爬犁的颜色相同。

当时在安特卫普确实存在这样

狂欢节与四旬斋之战（1559）
局部
维也纳，艺术史博物馆

狂欢节与四旬斋之战（1559）
局部
维也纳，艺术史博物馆

的一家小旅店，这家旅店是在狂欢节进行表演的一群街头喜剧演员聚会的地方。代表狂欢节的胖子身边伴随着许多戴面具的人，他们面容悲痛，看起来没有丝毫的喜悦。而在画面的右侧，正在交谈的一位修女和一位修士拉着一辆推车，推车上坐着因禁食而虚弱的四旬斋，四旬斋的手中握着脆弱的武器——一把用于烤面包的铲子，铲子上放着两条瘦小的鲱鱼。铲子上的鲱鱼意指重回那段困难的时期 。四旬斋的头上不自然地顶着一个象征封斋期的蜂巢(蜂蜜是四旬斋期间的食物)。

勃鲁盖尔在这幅作品中再次使用了鸟瞰式的全景透视法，使观者能够欣赏到介于荒谬和戏剧性之间的一系列人物和场景。他没有将故事置于这幅画的核心位置，而是更喜欢一种零碎的节奏，将不可胜数的片段和场景遍布整个空间，使画面生气勃勃。

勃鲁盖尔在画面中加入了狂人的形象，如广场上演出时带领观众唱歌的街头卖唱者，这种狂人形象从中世纪开始就在文学作品和象形艺术中广为流传。在画面中那口井的左侧，一个穿着盛装的小丑引领着一对观众。这个小丑身着一半是红色条纹、一半是绿色条纹的戏装，举着一根大蜡烛在大白天照明。画家又一次谴责了这个世界的荒谬，谴责了这个以荒唐的方式看待、颠倒每种秩序和意义的世界。

狂欢节与四旬斋之战(1559)
局部
维也纳，艺术史博物馆

神话与象征学

勃鲁盖尔在安特卫普停留了大约八年时间。在此期间，他专注于研究绘画技巧，并最终明确了自己的艺术方向；与此同时，他还结交了一些杰出人士，那些人拥有那个微妙的历史时刻所能允许存在的最自由的思想。勃鲁盖尔这一时期的作品富于象征意义，并且持续对当时的文化以及文学进行援引，即便这种引用并不明显。

在勃鲁盖尔为谚语所作的那些绘画作品中，他间接地接近了在16世纪中叶仍广泛传播并大获成功的一部文集——由鹿特丹的伊拉斯谟（Erasmo）汇编、并于1500年出版的民间谚语合集《箴言录》（*Adagi*）。但是，如果想要更加深刻地了解勃鲁盖尔和他的同辈对于“愚人”这个最微妙的主题之一的浓厚兴趣，那么毫无疑问，我们应该对伊拉斯谟这位伟大的人文主义学家最著名的作品予以重视。

在《愚人颂》（*Elogio della follia*，1509）这部作品中，伊拉斯谟滑稽地模仿了那些描述疯狂言行的民间谚语，并借这种滑稽模仿对教会进

愚人船（约1550）
希罗尼穆斯·博斯
巴黎，罗浮宫博物馆

《愚人船》第一版中插图（1494）
塞巴斯蒂安·布兰特的讽刺诗

疯狂的格利特 | 疯狂的梅格（1562）
局部
安特卫普，梅耶博物馆

行了激烈批判。而在伊拉斯谟的作品之前，这种形式的批判还有一个杰出的先例，那就是德语讽刺诗《愚人船》（*La nave dei pazzi*）。

《愚人船》由塞巴斯蒂安·布兰特（Sebastian Brant）于1494年创作。这部作品在荷兰出版，并且为勃鲁盖尔所熟知。当然，勃鲁盖尔所读的是这本书的译本，且译本中配有丰富的注释插图——这种在译本中大量使用注释插图的做法在16世纪的出版界十分盛行。就如同勃鲁盖尔在其画作《狂欢节与四旬斋之战》中对狂欢节游行队伍的描绘一样，《愚人船》这部作品也审视了人类的愚蠢和荒唐。在布兰特的诗中还出现了一个女性形象弗劳·韦内雷（Frau Venere），她带领着一群戴面具的人物，这些人戴的面具代指不同的行会。这个角色似乎成为勃鲁盖尔于1562年创作的一幅同样题材的画作——《疯狂的格利特》（*Dulle Griet*），或称《疯狂的梅格》（*Margherita la pazza*）中的主体。

这幅作品的题目取自一个民间传说，这个传说讲述了圣玛格丽特

（santa Margherita）战胜恶魔的故事。画面中的女子身着铠甲，她掠夺的战利品的重量使她几乎脚步不稳。在一派令人震惊的荒芜场景中，她快步走向地狱之门。

画面中除了这个怪异的女英雄还有一位巨人，这位巨人长着与四旬斋相似的枯瘦面庞。他举着一艘罩着球体的船，正在用一把勺子帮助自己排泄出硬币。

在玛格丽特收集奇珍异宝的同时，巨人则将这些珍宝分发给人们，对立的这两个人物永无休止地重复“产生—耗尽”这一过程。《疯狂的格利特》是一幅象征意义复杂的杰作，对这幅画的解读充满了争议。这幅画在主题和魅力上都与博斯的作品十分接近，勃鲁盖尔在这一时期的创作仍然在很大程度上受到博斯绘画的影响。

然而，勃鲁盖尔作品中对自然环境更加写实的描绘，以及他作品中更加戏剧化的大胆用色，这些要素都将他从绘画风格的角度与博斯清晰地区别开来。勃鲁盖尔强调作品的自然主题，并通过颜色的变化来增强空间的立体感，这两点使他的风格与博斯的风格产生了差别。

疯狂的格利特 | 疯狂的梅格 (1562)
安特卫普，梅耶博物馆

◀ **疯狂的格利特 | 疯狂的梅格**（1562）
局部
安特卫普，梅耶博物馆

扫罗的自杀（1562）
维也纳，艺术史博物馆

这种手法是他从前辈画家约·阿希姆·帕蒂尼尔（Joachim Patinier, 1475/1485—1525）那里借鉴而来的。帕蒂尼尔也是佛兰芒人，勃鲁盖尔在创作中惯常使用的空间透视法就是他开创的。帕蒂尼尔同时还推崇一种描绘风景的手法，运用这种表现手法有时会大胆使用明暗交替法，利用颜色的深度来显著地加强画面的立体效果。

这些风格特点在勃鲁盖尔的两幅作品——《扫罗的自杀》（*Il suicidio di Saul*，1562）和《伊卡洛斯的坠落》（*La caduta di Icaro*，约1558）——中都有所体现。

虽然《扫罗的自杀》和《伊卡洛斯的坠落》的主题不同，但它们之间却存在着微妙的相似之处。在《扫罗的自杀》这幅作品中，艺术家采用了居于高处的视角，俯瞰战争场景，为这个戏剧情节和《圣经》中的这一片段增添了一抹悲剧色彩。画面讲述的故事是以色列国王扫罗（Saul）的死亡。在基利波山（monte Gilboa）上被腓利士人击败后，扫罗要求侍从将他杀死。这一要求被

伊苏斯之战（1529）
局部
阿尔布雷希特·阿尔特多弗尔
慕尼黑，老绘画陈列馆

士兵拒绝后，国王扫罗用剑刺穿了自己的身体。扫罗自杀的地点是一处突出的峭壁，背景中的峡谷里双方军队正在交锋。画面中的峭壁和峡谷都使人联想到勃鲁盖尔在翻越阿尔卑斯山的意大利之旅中进行的那些风景画研究。画面中，嵌入山峰之间的战争场景几乎与峡谷融为一色，而这一画法有着非常确切的先例：德国画家阿尔布雷希特·阿尔特多弗尔（Albrecht Altdorfer, 约1480—1538）在《伊苏斯之战》（*La battaglia di Isso*，1529）中使用了类似的布景手法。

伊卡洛斯的坠落（约 1558）
全图和局部
布鲁塞尔，比利时皇家美术博物馆

伊卡洛斯几乎被微缩成了极小的一部分。画面中的他刚刚跌入水中，双腿还露在水面之上。然而这个轰动的事件似乎并未过多惊扰到画面中的其他人物，只有牧羊人仍然抬头望向天空。与此同时，画面前景中犁地的农民和画面右侧下方的渔夫都未受影响，仍在继续各自的工作。

《伊卡洛斯的坠落》这幅画是勃鲁盖尔的绘画中唯一一幅取材自神话故事的作品。这幅画表现的伊卡洛斯的死亡故事与奥维德在其作品中讲述的希腊神话故事并不一致。这种不同使得这幅画呈现出一种内涵，令它接近对炼金术的一种核心阐释。画面中的许多元素与原故事有所不同，或是被画家增添了一些民间谚语作为补充。例如，画面中的矮树丛里藏有一具尸体，透过树丛隐约可见尸体的头部。这具尸体的出现可能意指一句谚语："犁地的人不会因为有人死亡而停止耕作。"比农民所站位置更高的地方有一块岩石，岩石上放置着一把剑和一个钱夹，剑和钱夹可能是在暗指伊卡洛斯所缺乏的责任感和判断力："谨慎的双手才能掌握剑和金钱。"

扫罗是一个富有戏剧性的人物，他选择孤独地自杀，这使他成为一个威尔第式的形象。但丁（Dante）在《神曲》的《炼狱篇》（*Purgatorio*）中也曾提到过扫罗，将他与尼姆罗德（Nembrot）一起作为七宗罪中傲慢的象征。

或许可以将《扫罗的自杀》对《圣经》人物的诠释与《伊卡洛斯的坠落》这幅画的主题联系起来。《伊卡洛斯的坠落》表现的主题也是七宗罪中的傲慢。人类没有能力支配自然万物，而妄图征服自然的这种傲慢心理就是导致代达罗斯（Dedalo）的儿子伊卡洛斯（Icaro）死亡的主要因素。

在这幅画中，代达罗斯的儿子

致命的恶魔

艺术史专家学者们一致认为，在 1563 年移居布鲁塞尔之前停留在安特卫普的最后几年里，勃鲁盖尔在绘画创作方面极有成果，他在这一时期创作的作品数量几乎是在成倍增长。在离开安特卫普之前的最后一年里，也就是仅在 1562 年这一年中，勃鲁盖尔就完成了整整三幅画作，且这三幅绘画都是大型作品：《疯狂的格利特》《死神的胜利》（*Il trionfo della Morte*）和《叛逆天使的堕落》（*La caduta degli angeli ribelli*）。这三幅作品都专注于表现时间和人类的脆弱性，集中描绘人性的卑劣和作者的恐惧。

如果从这个角度来理解勃鲁盖尔在安特卫普居住的这段时期内创作的最后几幅杰作，或许我们能够更加清晰地看出在这座城市的停留对勃鲁盖尔的意义：在这里，勃鲁盖尔结交了许多文人雅士，并与他们建立了意义非凡的情谊；与此同时，他还需要面对安特卫普日渐紧张的政治局势，尤其是不断加剧的宗教紧张局势。勃鲁盖尔常与文化上自由开放的圈子来往，并因此结

死神的胜利（1562）
马德里，普拉多博物馆

识了一个受到宗教裁判所迫害的异教教派,名为“家庭主义教”(Schola Caritatis)。这场充满暴力而血腥的肆意迫害甚至连著名人物也不能幸免，例如勃鲁盖尔的好友，出版商克里斯托弗·普拉丁(Christophe Plantin)就于1562年为了保住性命而不得不仓促前往巴黎避难。

异教教派这个定义并不能完全涵盖“家庭主义教”这个教派中自由包容的思想交流和学术思考。这个教派公开主张宽容、谦逊以及对有罪之人宽恕，其与天主教之间的差别可能就在于这个教派极端排斥那些引导教徒亲自与上帝进行对话的宗教仪式和虚礼。在某些方面，这个教派是独立于路德教改革的。然而从知识分子的角度看，这个教派对宗教信仰和当时思想中的正统观念都构成了威胁。从地理学家奥特利斯(Ortelius)、哲学家科恩赫特(Coornhert)和考古学家霍尔齐厄斯(Goltzius)的更加简明且富于“世俗”知识的学术研究中，产生了一种新的世界观。

这些学术研究自然少不了涉及文化魅力的某些内容，这些文化魅力是整个欧洲最先进阶层的特征。在此处所指的是炼金术，一种对精神和科学传统的复杂思辨，这种传统在非常广泛的象征学词汇使用中得到了认可，并且由于各个学科领域长期存在的不可胜数的肖像学演化而变得难以解读。这似乎与一种坚持对勃鲁盖尔的绘画进行深奥解读的评论路线相一致。勃鲁盖尔的绘画犹如一个暗藏玄机的系统，唯有那些掌握了他画作表面之下暗藏的玄机的人才能够理解他的作品。

死神的胜利(1562)
局部
马德里，普拉多博物馆

死神的胜利（1562）
局部
马德里，普拉多博物馆

在安特卫普停留的最后一年中，除《疯狂的格利特》外，勃鲁盖尔还创作出了另外两幅杰作。

从风格的角度看，这两幅作品似乎背离了博斯绘画的形式和思想；而从其中所表现的末世内容来看，它们似乎反映了一种极其痛苦的屈从感，画中的人们仿佛已经放弃了对人性中道德和精神救赎所抱有的希望。正如之前所说的那样，勃鲁盖尔为了表现这一主题，创作了题材广泛且在技术上需要耗费大量精力的作品。

在所有描绘“微小人物”的绘画作品中，《死神的胜利》或许是其中形象最为丰富的一幅。凡·曼德尔也承认了这幅画的复杂性，“在这幅画中，人们用尽一切手段来对抗死神”。这幅画的主题与北欧肖像学传统中的骷髅舞有关，其中还加入了一些意大利式元素。这些元素很有可能是勃鲁盖尔在十年前进行的意大利之旅中直接获取的。此外，这或许也可以解释《死神的胜利》这幅镶板油画中的一些片段与巴勒莫的斯科拉法尼宫中的壁画之间的联系——勃鲁盖尔有可能在意大利南部游荡时到访过巴勒莫这座城市。

在一片被昏暗光线照亮的荒野之上，死神骑着一匹枯瘦的驽马四处游荡，驱赶那些活着的人们。这幅画给人以极深刻印象的是勃鲁盖尔非凡的能力，他描绘出了死神席卷一切的奇异景象。

画作描绘的是一个永恒的人间，或者更确切地说，是一个永远定格于灾难时刻和末日瞬间的尘世：即将倾覆沉没的船只、烟雾、火光以及死尸般枯槁的树木。每一个人物都被定格在了命运的最后一刻，无论是皇帝还是教皇，贵族还是农民，这种无

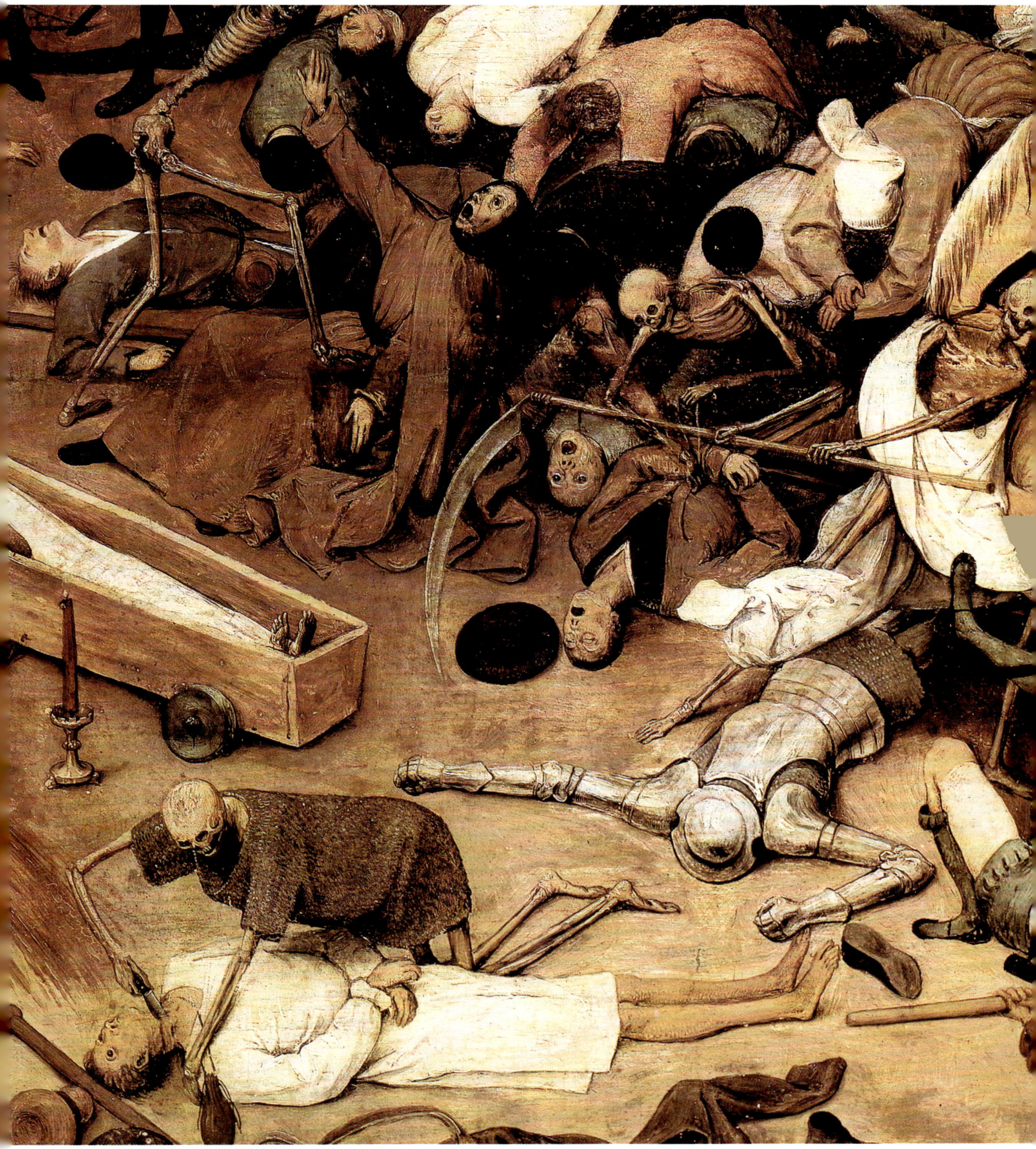

叛逆天使的堕落（1562）

布鲁塞尔，比利时皇家美术博物馆

法抗拒的命运不因他们的财富悬殊而有任何差别。然而，这幅作品与此前那些借鉴博斯绘画的作品在内涵方面没有任何相似之处。在这幅作品中，勃鲁盖尔没有直接模仿和借鉴博斯的作品，而是间接地参考了博斯的绘画。勃鲁盖尔有可能借鉴了博斯作品中对鬼怪和魔鬼的幻想，并对其进行了重新加工。正如我们此前强调过的那样，勃鲁盖尔以提升自然元素的写实性为出发点，从颜色的色调变化入手，色调的转换在这幅杰作中巧妙地表现为暗色调的戏剧性变化。

类似的对博斯绘画语言的重构能力在勃鲁盖尔于同年创作的另一幅杰作《叛逆天使的堕落》中也有所体现。这幅画是勃鲁盖尔对博斯作品进行借鉴和重新加工的产物，他在这次创作中进行的尝试显得尤为大胆。这一点从这幅画所借鉴的原作就可略见一斑：博斯的三联画《干草车》（*Trittico del fieno*，约 1550）无疑是勃鲁盖尔在创作《叛逆天使的堕落》时所借鉴的一个不可忽视的原型，然而他没有完全照搬这幅画的创作手法，而是仅仅参考了这幅画中对“怪异”形象的表现方式。

例如坠落的天使变成了昆虫，

这一表现手法借鉴自博斯的三联画《干草车》左翼靠上的部分、被命名为《原罪》(*Il peccato originale*)的一部分画面。充满生气的用色也背离了博斯的创作传统。勃鲁盖尔对博斯作品的重构是通过一种完全由他原创的构图法来实现的：各式错综复杂的形象整体上并没有使画面变得晦涩难辨，相反，画面中呈离心动势的位置构图使这幅画的线条和形式呈现出一种近乎巴洛克式的几何走向。

叛逆天使的堕落（1562）
局部
布鲁塞尔，比利时皇家美术博物馆

原罪（约 1500—1502）
三联画《干草车》左翼局部
希罗尼穆斯·博斯
马德里，普拉多博物馆

艺术与炼金术

根据对勃鲁盖尔作品的一种深奥复杂的解读，有些人曾提出假设，认为深入了解他作品的关键在于理解其中蕴含的炼金术思想。勃鲁盖尔在其最为著名的一些作品中，大量引用了与炼金术这门历史悠久的科学有关的图像。炼金术，这种古老科学深深地渗透在文艺复兴时期的文化中，它的影响遍及整个欧洲：无论是从丢勒（Dürer）到克拉纳赫（Cranach），还是从格吕内瓦尔德（Grünewald）到凡·艾克（Van Eyck），这门科学甚至渗透到了意大利艺术家如乔尔乔涅（Giorgione）和帕尔米加诺（Parmigianino）的创作中。

黑色的太阳

所罗门·崔斯莫森

*《太阳的光辉》（1582）中的细密画

在勃鲁盖尔所创作的这些与炼金术思想有关的绘画作品中，最为引人瞩目的无疑是《伊卡洛斯的坠落》这幅杰作。在这幅画中，太阳的位置在底部的地平线之上，而非如神话中所叙述的那样高悬于天空之中；此外，犁地的农民以及观察天空的牧羊人寓意相同。在炼金术的符号学中，它们各自都有相应的寓意：那些通过炼金术得到的金子（太阳）浸没在含汞的水（大海）中，仰望天空的牧羊人指的则是月亮（观察天空）。

阿拉伯和中世纪的炼金术是否可以被认为是一种原始化学？尤其是艺术家们精心制作的专门工具是否可以令中世纪炼金术被定义为原始化学？事实上，炼金术或许更多的是一种道德和智力上的指引，并且在对炼金术进行研究的时候首先要从这一观点出发来进行考虑。

总而言之，从文艺复兴时期直至17世纪，多种形式的炼金术、占星术和占卜术一起被当时的人们用于揭示那些隐藏于万物之中的上帝的奥秘。只有考虑到炼金术背后蕴含的复杂文化背景以及它的多样魅力，才能够理解这门古老科学是许多科学理论的源头的说法：从炼金术文化中衍生出了乔尔丹诺·布鲁诺（Giordano Bruno）的天体演化论，诞生了托马斯·康帕内拉（Tommaso Campanella）的《太阳城》（*le utopie solari*），以及日心说；亚里士多德理论中认为宇宙是有边界的观点被推翻，取而代之的是认为宇宙无限的理论；此外，炼金术还为自身的科学革命提供了前提条件。

炼金术手抄本《初生的曙光》中的细密画
（15 世纪）
圣托马斯·阿奎那
苏黎世中央图书馆，Ms.Rhenovienis 172

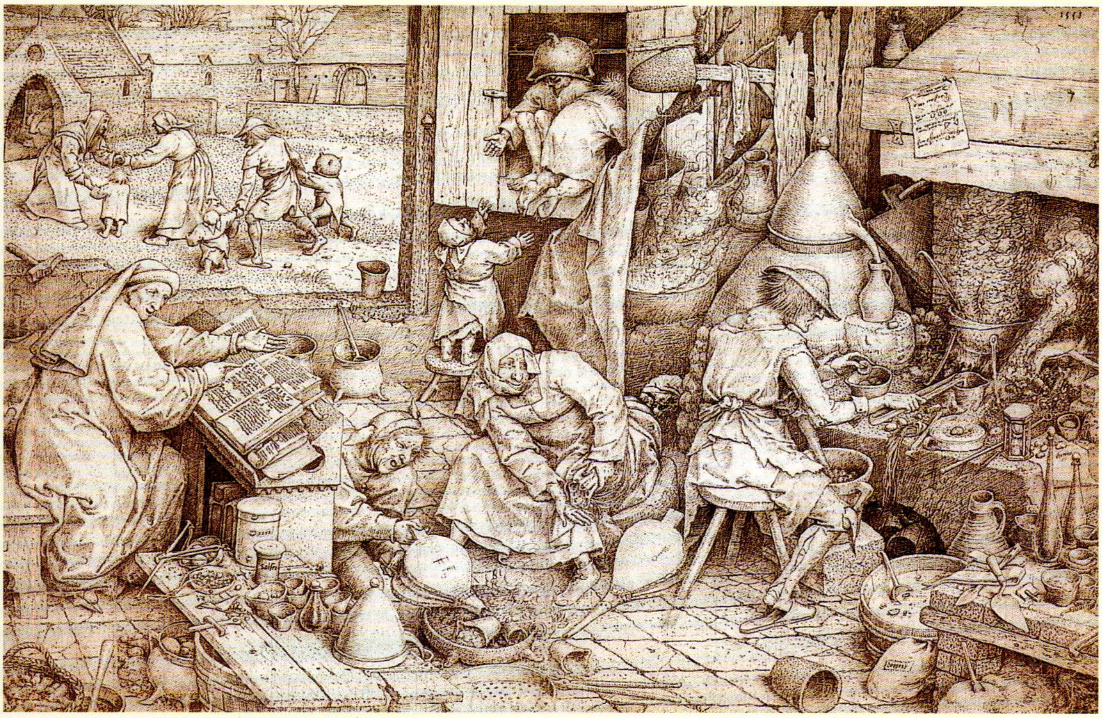

炼金术士（1558）
柏林，新国家美术馆铜版画陈列室

◀ **向耶稣受难地前进的队伍**（1564）
局部
维也纳，艺术史博物馆

1563—1565 定居布鲁塞尔

关于婚姻的流言蜚语

“那些在自己处于全盛时期的画家，他们在刻画人物时只挑选令自己满意的特征进行描绘，并且使用充满魅力的笔法向画面加入幻想的优美产物，这是对被描绘对象的完全扭曲，使画作背离了描绘对象本身，也就是偏离了真实的美感。勃鲁盖尔则从未陷入这个误区。”勃鲁盖尔的好友、伟大的地理学家亚伯拉罕·奥特利斯为我们证实了其肖像画技法的特点，而亚伯拉罕的这段话或许是对这幅通常被称为《画家和鉴赏家》（*Il pittore e l'esperto*）的画的最佳评述。这幅画的创作日期可以追溯至1565年前后，似乎大多数评论家都将其认定为画家的自画像。

在这幅画中，勃鲁盖尔从侧面角度描绘了自己，画中的他露出四分之三侧脸，手中拿着一支画笔，而在他身后是一个戴着眼镜的男人，他的手正在口袋中翻找什么东西。这个男人目光空洞，似乎正仔细凝视一幅画，虽然这幅画并没有出现在画面中，但是可以推测它应该是放置在这两人的面前。

很多艺术家惯于通过“使用充满魅力的笔法向画面中加入幻想的优美产物”来实现一种所谓的“调整”，而正如奥特利斯所说的，勃鲁盖尔本人似乎并不倾向于这种“调整”。在这幅画中，画家外表朴素，身着一件或许是工作服的白色衣服。粗硬的胡子和浓密的长发下，是一张严肃而凶狠的面庞。创作这幅自画像的时候勃鲁盖尔约有40岁，而画中的他的年纪似乎比他当时应有的年纪更加大。

当然，这幅画似乎完全没有为人们展现出他们期望从一位著名艺术家的私下形象中看到的那种合乎标准的庄重和礼节。

令勃鲁盖尔更加关心的似乎是画面中描绘出的场景和他想要传达的间接含义：一群“缺乏眼光”的

公众的空洞赞美，这些人无法完全理解奥特利斯提到的“真正的美”。这幅作品的创作日期可以追溯至1565年，也就是在勃鲁盖尔离开安特卫普两年后。这幅画中或许暗藏着对市场和收藏界的一种含蓄的批判，勃鲁盖尔将这种隐晦的批判带入了艺术界，而与此同时他正处于人生巨变的时期。

安特卫普这座城市是勃鲁盖尔为自己赢得声誉的地方——他起初是一名杰出的绘图员，随后成了一位才华横溢的画家，同时继承了博斯曾经的幻想创作成果。在那里，他的盛誉与一个包罗人文学者、商人和银行家的圈子相联系。根据当时人文主义者的一种通常习惯，勃鲁盖尔决定将自己的名字拉丁化，把自己的名字拼写由原本的Brueghel改为此后一直沿用的Bruegel。

而布鲁塞尔则既是皇室宫廷的所在地，又是其他政府官员宅邸的所在地，这里居住着勃鲁盖尔的资助人，这位热情且有权势的资助人是时任荷兰国务委员会主席的枢机主教安托万·佩尔诺特·德·格朗韦勒（1571年至1575年他还担任那不勒斯总督）。在布鲁塞尔，勃鲁盖尔的作品得到了贵族们的认可和尊重：这些属于贵族阶级的人们

安特卫普城市景观图（1562）
麦基洗德·凡·赫勒
巴黎，法国国家图书馆版画部

不仅资助勃鲁盖尔进行创作，还在这座城市经历危机时为他提供庇护。布鲁塞尔的危机在1567年达到高潮，这一年，密使阿尔巴公爵受到西班牙国王腓力二世的派遣，带领他的军队进驻布鲁塞尔，以恐吓荷兰各省的新教徒，从而迫使他们改变信仰。除这一悲剧事件之外，编年史中还记录了一件颇为特别的事情——根据历史记载，1569年1月18日，也就是在勃鲁盖尔逝世的那年，某位“凡·彼得·勃鲁盖尔大师”被免去为西班牙士兵提供膳宿的义务——这件事使我们能更深刻地理解勃鲁盖尔当时社会地位的重要。

画家和鉴赏家（约 1565）
维也纳，阿尔贝蒂娜博物馆

格朗韦勒大主教（1549）
安东尼奥·莫罗
维也纳，艺术史博物馆

费尔南多·阿尔瓦雷斯·德·托莱多阿尔巴公爵（1549）
安东尼奥·莫罗
布鲁塞尔，比利时皇家美术博物馆

但是如果从另外一个角度来看待勃鲁盖尔自画像中的深奥含义，我们或许会发现其中另外一种在本质上更加内在的含义，并且这一含义与他离开安特卫普前往布鲁塞尔的决定有关。画中那个戴眼镜的男人或许暗指一位好管闲事的人，一个爱打听的人，一个热衷过问与自己无关事物的人。如果对画中人物的这种阐释是正确的，那么或许可以将这幅画与艺术家的生活更加准确地联系起来。根据曼德尔的说法，有一段时期，勃鲁盖尔是许多好事者所散播的流言蜚语的受害者。"当勃鲁盖尔仍居住在安特卫普的时候，他与一位女仆人共同居住在一起。原本勃鲁盖尔是要娶她的，但是她总是不可救药地说谎这一点惹恼了他。"这位传记作者写道。尽管勃鲁盖尔已经被说服，离开了那个与他同居的女子，并与他曾经的老师彼得·柯克的女儿订婚，但是关于他们这段关系的流言蜚语却并未平息。正如曼德尔所证实的那样，勃鲁盖尔未来的岳母要求"勃鲁盖尔必须搬离安特卫普，以便忘却那个女子"。不论这是否是想象的结果，这件生动的逸事似乎确实有其事实证据——移居至布鲁塞尔与勃鲁盖尔结婚这两件事确实是同时发生的。

1563 年，勃鲁盖尔在沙佩勒圣母教堂（nella chiesa di Notre-Dame-

牧鹅人（约 1565）
德累斯顿，国家艺术收藏馆

de-la-Chapelle）迎娶了梅肯·柯克（Mayeken Coecke），他们两人于勃鲁盖尔在她父亲的画室做学徒时相识。第二年，这对夫妇生下了长子小彼得·勃鲁盖尔（Pieter Brueghel），又在1568年生下了次子老扬·勃鲁盖尔（Jan Brueghel）。这两个儿子都继承了他们父亲的事业，开创了勃鲁盖尔家族悠久的艺术传奇。事实上，由于他们的缘故，尽管勃鲁盖尔在不到45岁时就离开人世，但他还是被载入了艺术史册中，被称为老彼得·勃鲁盖尔（Pieter Bruegel il Vecchio）——他是开创了一个真正的艺术世家的荣耀始祖。这个艺术世家一直延续到了18世纪，直到老扬·勃鲁盖尔的孙子亚伯拉罕（Abraham）为止。

家族姓氏中被勃鲁盖尔于16世纪50年代末去掉的字母“h”，被他的两个儿子重新恢复了。勃鲁盖尔的两个儿子走上了两条完全不同的艺术道路。彼得，被称为小彼得·勃鲁盖尔或“地狱的勃鲁盖尔”（Brueghel degli Inferni），因为他常描绘阴间的景象。他后来尤以创作他父亲作品的摹本而闻名。与之不同的是，老扬·勃鲁盖尔则因其在备受赞赏的静物画和风景画中所使用的那种清晰笔触，而获得了“天鹅绒的勃鲁盖尔”（Brueghel dei Velluti）这个绰号。

小彼得·勃鲁盖尔（约 1630—1631）
安东·凡·戴克
布鲁塞尔，阿尔伯特一世皇家图书馆

婚礼的露天舞会（1607）
小彼得·勃鲁盖尔
布鲁塞尔，比利时皇家美术博物馆

四代画家

勃鲁盖尔家族是一个真正的艺术世家：由老彼得·勃鲁盖尔开创，随后由他的儿子小彼得·勃鲁盖尔和老扬·勃鲁盖尔延续，而后是老扬·勃鲁盖尔的儿子小扬·勃鲁盖尔（Jan il Giovane），并最终由小扬·勃鲁盖尔的儿子们终结——其中最为出色的是亚伯拉罕（Abraham，1631—1690？）。在老彼得·勃鲁盖尔的儿子——勃鲁盖尔两兄弟之中（他们两人都恢复了家族姓氏中的字母“h”），长子小彼得·勃鲁盖尔（1564—1638）似乎在天赋上略逊一筹。在乡村风景画中，小彼得·勃鲁盖尔采用一种几乎稍显幼稚的透视法和全景的视角，有着平淡而散乱的光影。小彼得·勃鲁盖尔在安特卫普和布鲁塞尔生活，他一生从未离开过荷兰。他为一些属于中等阶级的订单委托人工作，这虽不能使他致富，却能够保证他过上体面的生活。而老扬·勃鲁盖尔（1568—1625），或者说“天鹅绒的勃鲁盖尔”的画作则更加耐人寻味，且品质上乘。老扬·勃鲁盖尔最初就展现出一种更为出众且善于社交的个性。他在 17 世纪初进行了为数众多的旅行，这些经历对他的艺术生涯无疑起到了重要的推动作用，尤其是他在意大利的游历。

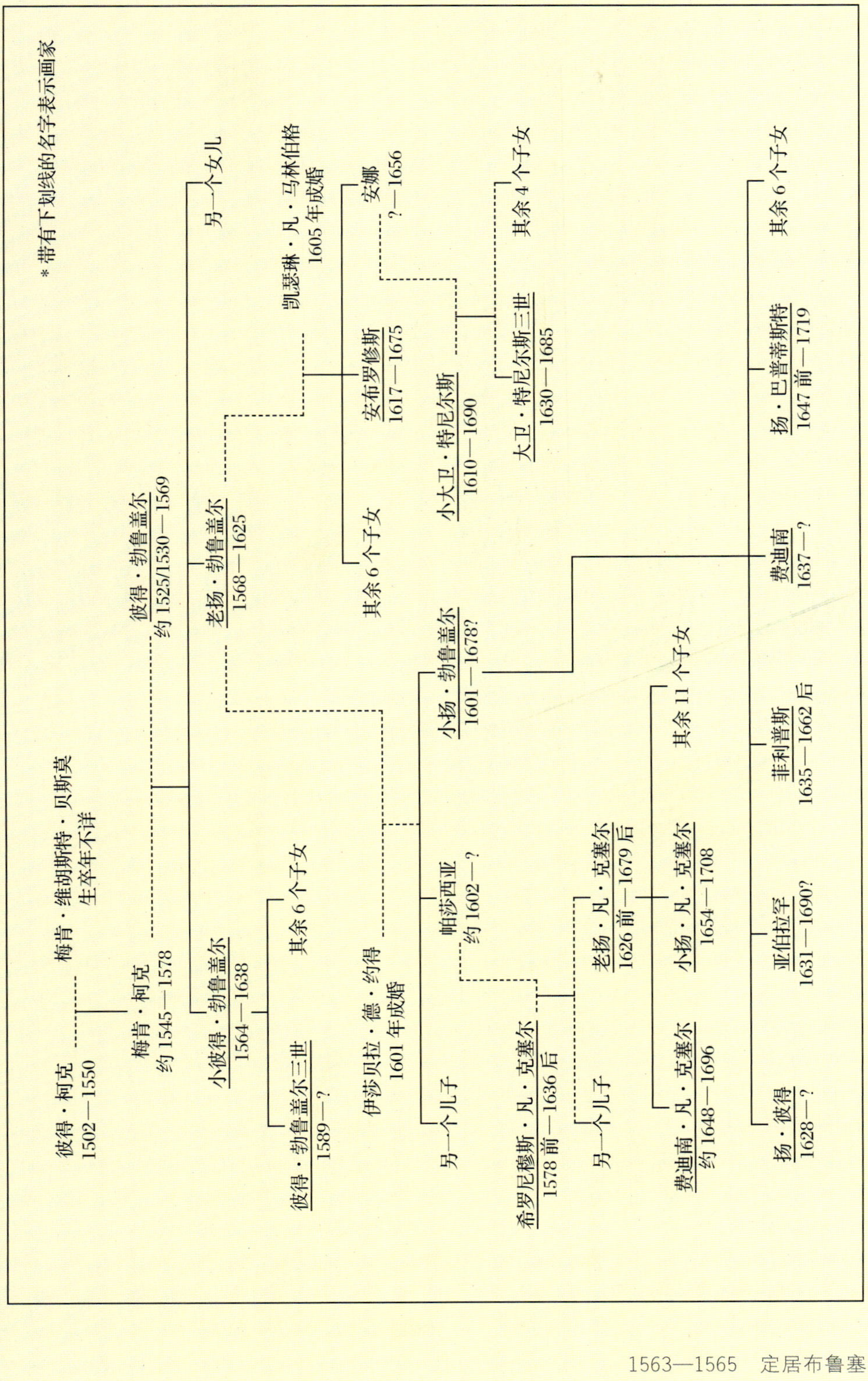
* 带有下划线的名字表示画家
彼得·柯克
1502—1550
梅肯·维胡斯特·贝斯莫
生卒年不详
梅肯·柯克
约 1545—1578
彼得·勃鲁盖尔
约 1525/1530—1569
另一个女儿
小彼得·勃鲁盖尔
1564—1638
老扬·勃鲁盖尔
1568—1625
凯瑟琳·凡·马林伯格
1605 年成婚
彼得·勃鲁盖尔三世
1589—?
其余 6 个子女
伊莎贝拉·德·约得
1601 年成婚
安布罗修斯
1617—1675
其余 6 个子女
安娜
?—1656
另一个儿子
帕莎西亚
约 1602—?
小扬·勃鲁盖尔
1601—1678?
小大卫·特尼尔斯
1610—1690
大卫·特尼尔斯三世
1630—1685
其余 4 个子女
希罗尼穆斯·凡·克塞尔
1578 前—1636 后
另一个儿子
老扬·凡·克塞尔
1626 前—1679 后
其余 11 个子女
费迪南·凡·克塞尔
约 1648—1696
小扬·凡·克塞尔
1654—1708
扬·彼得
1628—?
亚伯拉罕
1631—1690?
菲利普斯
1635—1662 后
费迪南
1637—?
扬·巴普蒂斯特
1647 前—1719
其余 6 个子女

仪式队伍（约 1615）
局部
小彼得·勃鲁盖尔
布鲁塞尔，比利时皇家美术博物馆

天鹅绒的老扬·勃鲁盖尔（约 1630—1631）
安东·凡·戴克
布鲁塞尔，阿尔伯特一世皇家图书馆

他的作品在色彩方面很有特点，且具有令人眼花缭乱的精细度，不由得使人想起勃艮第宫廷中的那些画。老扬·勃鲁盖尔的天赋令他有机会与鲁本斯成为朋友并合作。作为真正意义上的老彼得·勃鲁盖尔的接班人，老扬·勃鲁盖尔继承了他父亲忠于细节的写实主义风格，但是他并不拘泥于那种毫无生气的精湛技巧。此外还需强调的是，老扬·勃鲁盖尔是花卉静物流派的创始人。这种绘画形式可以追溯到著名的虚空派（Vanitas）艺术（以花朵隐喻生命的转瞬即逝），但老扬·勃鲁盖尔的创作使这一绘画流派一时间备受瞩目。对于当时的人们来说，欣赏描绘花卉的画作给他们提供了一个探究自然奥秘的方式，而这恰好迎合了当时人们对植物学和整个自然界的极大好奇心。在这种新兴爱好的驱使之下，植物园以及配有插图的植物标本集应运而生。

老扬·勃鲁盖尔的画室由他的儿子小扬·勃鲁盖尔继承，而后又传给了小扬·勃鲁盖尔的儿子们——其中最著名的是亚伯拉罕。亚伯拉罕也专攻静物创作，并且在他居留那不勒斯的几年中，甚至影响了静物绘画这一流派两位无可争议的大师——吉亚科莫·雷科（Giacomo Recco）和乔万·巴蒂斯塔·罗波洛（Giovan Battista Ruoppolo）。

瓶中的花束（1599—1607）
老扬·勃鲁盖尔
维也纳，艺术史博物馆

佛兰芒的混乱及两幅通天塔

评论家和艺术史学家们一直坚持探寻勃鲁盖尔作品中包含的政治内容的尝试，或许可以在这两幅描绘通天塔的作品中得到最令人信服的结论。随着安特卫普这座城市的迅速发展，社会秩序方面的问题以及西班牙统治对各宗教施压带来的问题都在成倍增长。因此，勃鲁盖尔通过描绘《圣经》中这个极具影响力的象征性形象——通天塔，来回忆在安特卫普的生活，追忆那段局势不定、充满猜忌的时光中的危险和艰难。

巴比伦（Babilonia）这座城市是崇高的古代文明的所在地。然而事实上，在大众印象中，它还具有一种《圣经》故事为其带来的阴郁色彩。

这种阴郁色彩最初起源于《圣经·创世记》第十一章中一个情节复杂的故事。《圣经》的作者企图使巴比伦这座城市的名称带有贬义的色彩：巴比伦原名为“巴比卢（babilu）”，意为“上帝之门”，象征着宗教的“神圣之城”[此后产生的复数形式“巴比兰（babilani）”，意为“众神之门”，由“巴比兰”这个复数形式衍生出了希腊语中的Babylon，从而产生了意大利语中的Babilonia]。然而，《圣经》的作者却在其中使用了希伯来语动词balal，这个词在希伯来语中有“混乱、困惑”之意。作者企图借用

大通天塔（1563）
维也纳，艺术史博物馆

小通天塔（约 1563）
鹿特丹，博伊曼斯·范伯宁恩博物馆

这个词将《圣经》中的巴比伦描述为一个混乱的城市。另外，通天塔这个故事的主题与犹太人被逐出故土以致流落异乡的悲惨历史相关联。作者借这座城市以及城市上方耸立的高塔，表达了对人口集中于城市这个现象的悲观思考。

事实上，《圣经》作者在创作通天塔的故事时，受到了巴比伦的著名建筑杰作金字形神塔的启发。这座建筑被象征性地命名为七曜塔（Entemenanki），意为“天地始基神殿”。那是一个真正意义上的微观世界，仿佛一块偏居宇宙一隅的石头。建筑的七层楼分别象征着七颗行星。这座七曜塔通向玛杜克神寺（Esagila），即“昂首的宫殿”。正如《圣经》所说，这座神寺是一座企图“通天”的建筑。通天塔这个寓言的主旨非常容易理解。故事中，那时的世人以帝国为骄傲，他们企图建立一个理想中坚若磐石的“国家”。就如同《圣经》的序言记载的那样，在这个国家中，人们“语言相通，同心协力”。然而，后来上帝降临，粉碎了这个政治和宗教方面的计划。当时世人的这种企图“通天”的狂妄自大的做法违背了此前《创世记》第十章记载的多元和谐的原则，最终导致了与神的意图相悖的结果，世人四散分离，由团结的整体走向了一片混乱。

▶ **大通天塔**（1563）
局部
维也纳，艺术史博物馆

人类和人类的寿命、需求和空间、物质和技术的关系、城市聚集和个人命运的破碎、语言和通用语、残缺的魅力和不幸，这些都是通天塔这个故事的永恒主题，勃鲁盖尔很有可能从中读出了一种对他所处时代的告诫。

在此前的象形艺术传统中，表现通天塔这个主题的作品非常少见，且那些作品的想象力无法与勃鲁盖尔作品表现出的相提并论。在此类作品中，最为重要的部分或许就是其中的乌托邦式塔状建筑物——通天塔。勃鲁盖尔在表现这个巨大的建筑时借鉴了宏伟的古罗马遗迹——古罗马斗兽场（Colosseo）。他在意大利逗留期间很可能曾有机会欣赏这座古罗马圆形露天剧场。这些著名的古罗马遗迹对勃鲁盖尔的创作产生了潜移默化的影响，而这种影响在他此前有机会接触到的一系列数目可观的绘画、版画和书籍中亦是有迹可循的。其中之一就是《古罗马遗迹》（*Rovine romane*）这个版画合集，合集中包括12幅由希罗尼穆斯·科克和勃鲁盖尔共同创作的版画。此合集出版于1551年——远远早于勃鲁盖尔的意大利之旅以及他与四风出版社合作的时间。此外，在移居布鲁塞尔的过程中，勃鲁盖尔有可能经过阿姆斯特丹，并对这座城市的塔楼和建筑进行了深入的研究，一系列的手稿为这一行为的存在提供了证据。尽管在手稿的创作者这一问题上仍存在争议，但是人们通常认为它们由勃鲁盖尔所作。勃鲁盖尔在同一时期（1563）创作了这两幅《圣经》题材的作品，它们在构图和尺寸上都有所不同，其中《大通天塔》（*La grande torre di Babele*）藏于维也纳，另一幅《小通天塔》（*La piccola torre di Babele*）现藏于鹿特丹的博伊曼斯·范伯宁恩博物馆。后者的尺寸几乎只有前者的一半大小。这两幅作品的相似之处在于它们具有同样的表现力度。尽管这两幅画作使用的表现形式有所不同，但作者都以非凡的才能在画面中营造出了一种极度恐怖的氛围。而从表现形式上看，这两幅画则显得完全独立。

它们之间的不同之处首先体现在色阶的使用上：在现藏于维也纳的《大通天塔》中，画家使用了明亮色彩的变换法，画面中赭石色的通天塔巍然屹立；而藏于鹿特丹的

《小通天塔》中，画面的色调则阴暗而哀伤，这种深暗的色调甚至蔓延到了云层之上。除此之外，这两幅画中表现的《圣经》故事片段也有所不同。

在《小通天塔》中，通天塔的建造似乎已经中止，《创世记》中的故事达到了高潮——世间开始变得混乱无序，神对世人的惩罚即将到来；而在藏于维也纳的《大通天塔》中，这种潜在的悲剧性命运虽已经注定，但仍尚未来临。在《大通天塔》中，勃鲁盖尔降低了画面中通天塔的中心地位，对这座建筑周围的环境进行了细致描绘：延伸至远方的城市由背后环绕通天塔，塔中的迷宫清晰可见；此外，他还对建筑工地进行了大量详尽的描绘，其中的建筑材料、建造机器和正在工作的建筑工人依稀可辨，尤其是画面中前景左侧的场景。在距离通天塔不远处的一片平地上，被一众宫廷显贵簇拥的尼姆罗德王（Nembrot）站立于高处，正在建筑师的引领下视察这项杰出工程。这位统治者盛气凌人的举止似乎影响到所有人。面对向他跪拜的工人时，他表现出的那种无情和鲁莽使他的罪过更加深重。

大通天塔（1563）
局部
维也纳，艺术史博物馆

小通天塔（约 1563）
局部
鹿特丹，博伊曼斯·范伯宁恩博物馆

古罗马斗兽场(1551)
希罗尼穆斯·科克
布鲁塞尔，阿尔伯特一世皇家图书馆

向耶稣受难地前进的队伍 (1564)

维也纳，艺术史博物馆

信仰的深处

到达布鲁塞尔之后，勃鲁盖尔很快受到了新环境的影响，他的绘画创作也受到了与此前完全不同的流派的影响。

勃鲁盖尔在布鲁塞尔的新客户更加追求精致。当时，欧洲宫廷盛行意大利式绘画风格，效仿这种风格的作品更受新客户的喜爱。因此，为了迎合他们的口味，这个时期勃鲁盖尔的作品中除了有微小的人物形象外，还开始出现更加立体、雄伟的形象。

《向耶稣受难地前进的队伍》(*La salita al Calvario*, 1564)和《对无辜者的屠杀》(*La strage degli innocenti*, 1565) 这两幅作品的风格流派则与勃鲁盖尔来此之前的一致。在《向耶稣受难地前进的队伍》这幅作品中，勃鲁盖尔将他对微小形象的描绘能力发挥到了极致。这是他的作品中人物最为丰富的一幅：画面中整整有500个人物，随之而来的是倍增的场景和从属的片段。画中的人物和场景如此繁多，使得很难从拥挤的人群中辨别出背负着十字架穿过人群的耶稣。画面整体上表现

向耶稣受难地前进的队伍（1564）
局部
维也纳，艺术史博物馆

对无辜者的屠杀（1565）
维也纳，艺术史博物馆

出一种冷漠感，或者说一种漠不关心的态度。

根据文献资料记载，在1564年的严冬中，有许多人死于寒冷和贫困，尤其是那些居住在乡村的人们。或许这个寒冬给勃鲁盖尔留下了深刻印象，他在《对无辜者的屠杀》中将《圣经》故事“现实化”，把故事的背景置于一个白雪皑皑的村庄中。

随着时间的推移，《对无辜者的屠杀》这幅作品经历了不断的修整，但是这并不妨碍我们在这幅画中辨识出勃鲁盖尔的风格特点，并从中领悟到对那种丧失理智的暴力行为的谴责——画家借这幅画谴责了入侵佛兰德地区的西班牙军队在那些年间对佛兰德人民的肆意蹂躏。

勃鲁盖尔于1563年至1565年创作的宗教题材作品记录了他的创作风格的转变过程。在这一阶段，他所描绘的对象由微小的人物形象转向了更加宏伟的人物形象。如果

逃往埃及（1563）
伦敦，考陶尔德艺术学院

说在为格朗韦勒所作的《逃往埃及》（*La fuga in Egitto*，1563）这幅画中，勃鲁盖尔沿用了他的典型主题（这幅作品以开阔的风景为出发点，光线从山间风景中倾泻而下，画面中带有阿尔卑斯山风貌的风景取材自他在意大利之旅中所作的手稿），那么他在1564年创作的一幅作品可谓象征一个彻底的转折。

在新创作的《贤士来朝》（*Adorazione dei Magi*）中，勃鲁盖尔摒弃了中规中矩的水平构图，转而采用了一种垂直的构图方式。巨大的人物占据了整个场景，为画面增添了一种空间大幅度减少的感觉。毫无疑问，勃鲁盖尔在创作这幅作品时参考了米开朗琪罗（Michelangelo）及布鲁日圣母教堂的雕像《圣母与圣子》（*Madonna col Bambino*，1503—1504）；此外，勃鲁盖尔还有可能潜移默化地受到了塞巴斯蒂亚诺·德·皮翁博（Sebastiano del Piombo）的影响；

而选择将人物放置于画面的对角线上这一手法，则有可能借鉴自安东尼奥·柯勒乔（Antonio Correggio）的创作技法。在对勃鲁盖尔产生影响的艺术家当中自然也包括拉斐尔（Raffaello）。相较于16世纪佛兰芒的其他艺术家，拉斐尔最能代表与佛兰芒艺术相对的意大利流派。1517年，由拉斐尔绘制的十张底稿运抵彼得·凡·阿尔斯特（约1450—1531/1533）的著名画室，这

圣母与圣子（1503—1504）
米开朗琪罗·博纳罗蒂
布鲁日，圣母教堂

些底稿上描绘的是《圣彼得与圣保罗的故事》（*Storie dei santi Pietro e Paolo*），它们被用于为利奥十世制作一组挂毯。这些底稿在佛兰芒艺术界引发了巨大的反响，因为“在荷兰，如此立体且色彩强烈的绘画可谓前所未有”。自此，拉斐尔在布鲁塞尔开始被人们熟知，且这件事所引发的轰动直至勃鲁盖尔的时代都还未平息。这也是意大利绘画与佛兰芒绘画之间往来的标志性事件之一，很有可能就是这件事引发了勃鲁盖尔创作风格的改变。

布鲁塞尔的人们对拉斐尔作品的兴趣注定随着拉斐尔的学生托马斯·温森多（Tommaso Vincidor）的到来而进一步增加。他此次前来布鲁塞尔是为了主持另一组挂毯的编织工作，这组被称为“新学派”的挂毯被用于装饰梵蒂冈的枢机会议厅。至1519年，这些挂毯无疑为佛兰芒艺术家们的研究提供了一个振奋人心的机会。

除此之外，勃鲁盖尔还有可能通过复制画了解到拉斐尔的作品。事实上，拉斐尔不仅因为他绘制的那些挂毯底稿而闻名。除版画底稿外，马勒凯东尼欧·拉伊蒙蒂

贤士来朝（1564）
伦敦，国家美术馆

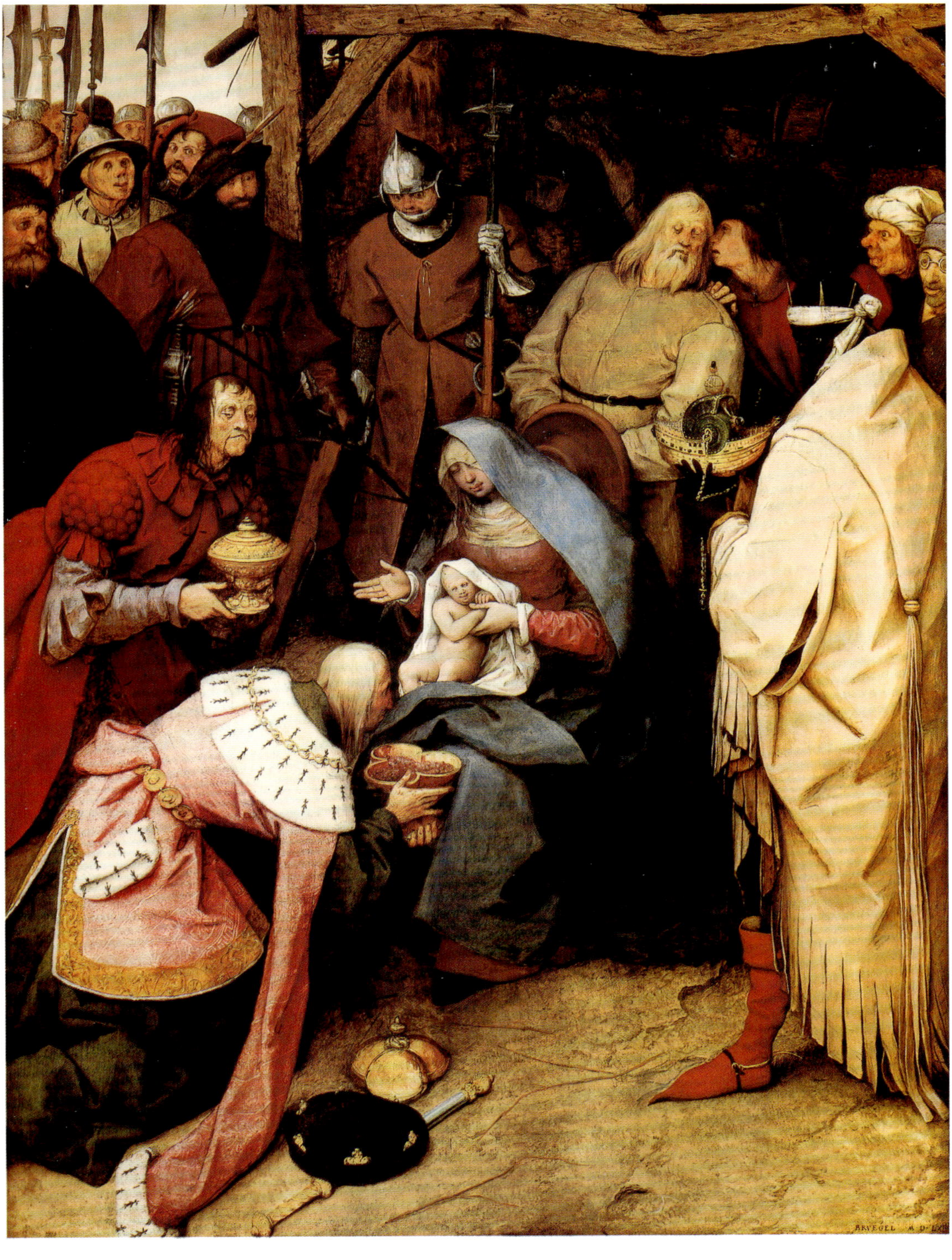

耶稣与犯通奸罪的女人（1565）
伦敦，考陶尔德艺术学院

（Marcantonio Raimondi）创作的版画作品也使得拉斐尔的画作在欧洲广泛流传。可以说，拉斐尔在当时主要是因为这些版画作品而被世人所知。

在这个时期的画作中，勃鲁盖尔与意大利艺术之间的交流促使他的绘画转向另一种倾向，那就是有时他在创作中会放弃自己惯有的那种对提升景色美感的追求。在1564年的作品《圣母玛利亚之死》（*La morte della Vergine*）与1565年的作品《耶稣与犯通奸罪的女人》（*Cristo e l'adultera*）中，勃鲁盖尔重新使用了古老的纯灰色画技法。这幅画中单色的色彩变化为室内的画面增添了一种内在的人性，与《圣经》中对这一主题的描述相协调。

《耶稣与犯通奸罪的女人》这幅画中的女性形象使人联想到意大利的绘画：画中超凡脱俗的女子举止高雅，体态优美，显得与画中其他

圣母玛利亚之死（约 1564）
班伯里，阿伯顿宅邸国家信托

人物完全不同。

《圣母玛利亚之死》这幅作品是勃鲁盖尔为他的好友奥特利斯所作，后被鲁本斯收藏。在这幅作品中，画家更倾向于描绘一种家庭环境：被微光（这种运用光线的方法几乎可以被视作伦勃朗式用光的先驱）照亮的房间中依稀可见屋内的几只碗钵，床边放置着手炉，一只猫蜷缩在小小的壁炉旁——这种现实感大大削弱了这个故事片段的神秘感。在创作宗教题材作品时，勃鲁盖尔倾向于表现那些受信徒们喜爱的主题，但同时他的创作又与传统的表现方式有很大不同，尤其是与天主教传统有很大区别。在他的作品中，他往往忽略那些殉道者和圣人的形象，集中精力描绘那些能够被所有基督教徒接受的主题——不论这些基督教徒属于哪个教派。

◀ **暗日**（1565）
局部
维也纳，艺术史博物馆

1565—1569 思想超越绘画

人与自然的时间

注重写实和细节、构图考究、偏好在作品中表现故事和逸事，以及在光滑珍贵的画布上精细作画——这些都是佛兰芒画派画家创作的显著特点。15 世纪至 18 世纪期间，荷兰（指佛兰芒和尼德兰地区）的大部分绘画作品，无论是贵族绘画还是民间绘画，都经历了一段对于欧洲的艺术收藏而言极为重要的历史。当时，主教和红衣主教喜欢花卉画和风景画；那些表现宗教故事和神话题材的绘画受到富有的达官显贵以及君主帝王的喜爱；而商人和资产阶级则偏爱描绘小酒馆和市集场景的风俗画。

勃鲁盖尔的作品在他在世时就受到人们的追捧，这些作品在他去世以后仍然获得广泛的认同，许多渴望独享他作品的人不得不艰难地四处搜寻。事实上，许多主顾非常迷恋他的作品，即使他们无法拥有勃鲁盖尔的原创作品，他们也情愿为了获得一张复制画而付出任何价码。

在关于勃鲁盖尔的各种文献资料中，有一封意义重大的信件。这封信是牧师莫瑞龙（Morillon）所写，信件上注明的日期是 1572 年。这位牧师被夺去了他拥有的那些勃鲁盖尔的真迹，他在这封信中流露出了极度的痛苦：“在梅赫伦遭受掠夺后，我再也无法重新找回我失去的那些勃鲁盖尔的作品了。”

如果我们考虑到埃内斯特（Ernesto）大公爵为购买《农民的婚礼》（*Nozze di contadini*）这一幅作品就花费了 160 弗罗林金币的巨款，那么这位牧师被夺走的作品可谓价值连城。

在勃鲁盖尔最受赞赏和最受欢迎的作品中，有一组广为人知的作品，这组作品受欢迎的程度如此高，以至于从中衍生出了一个复制品的市场，勃鲁盖尔的儿子们也曾创作过这组作品的复制品。这组作品名为《季节轮回》(*Le stagioni*)，由6幅镶板油画组成，是勃鲁盖尔于1565年为尼古拉斯·扬格林克(Niclaes Jonghelinck)所作。这组作品后来被扬格林克用于偿清他与政府当局间的债务，它们被作为抵押物辗转至安特卫普，并随后于1594年成了哈布斯堡王室(Asburgo)的藏品。然而，到了1659年，这组作品仅存5幅——也就是我们如今仍有机会欣赏到的5幅作品。这些作品现收藏于维也纳(3幅)、布拉格和纽约。

与过去那些传统的表现季节的画作不同的是，勃鲁盖尔在这组画中跳过了一些月份，以每两个月代表一个季节。

暗日(1565)
全图和局部
维也纳，艺术史博物馆

收割干草（1565）
全图和局部
布拉格，国家美术馆

在这组《季节轮回》中，《暗日》（*Giornata buia*）象征一月和二月；《收割干草》（*Fienagione*）象征六月和七月；《收割》（*Mietitura*）象征八月和九月；《牧归》（*Ritorno della mandria*）象征十月和十一月；《雪中猎人》（*Cacciatori nella neve*）象征十二月。这一系列非凡杰作的主题来自一种由中世纪的每日祷告书开创的古老传统。每日祷告书是一种在中世纪时期被信徒用于祈祷的书籍，其中标注了虔诚的教徒们日常行为的纲要。祷告书通常将日历中的节日与人类进行的许多活动，尤其是人们的劳作联系起来。《杜贝里公爵特雷斯描金日课经》（*Les très riches heures du Duc de Berry*）是每日祷告书中最为著名的一部，

收割（1565）
全图和局部
纽约，大都会艺术博物馆

牧归（1565）
维也纳，艺术史博物馆

二月（1413—1416）
林堡兄弟
细密画每日祷告书《杜贝里公爵特雷斯描金日课经》

城堡旁滑冰者的冬日风景（1608—约 1609）
局部
亨利克·阿维坎普
伦敦，国家美术馆

这部作品由林堡兄弟（fratelli de Limbourg）于 1413 年至 1416 年完成。这部祷告书由极其精美的细密画组成，作者在这些精细到令人难以置信程度的细密画中详尽地描绘了宫廷和田间的生活。其中有一幅名为《二月》（*Febbraio*）的细密画，这幅画是艺术史上最先描绘雪景的作品之一。

描绘冬日雪景的画作中的巅峰之作无疑是勃鲁盖尔的绝世杰作《雪中猎人》。这幅作品在随后的几

雪中猎人（1565）
全图和局部
维也纳，艺术史博物馆

个世纪中一直都是艺术家们在创作中参考和学习的对象。

在17世纪的荷兰画家中，最为著名的当属亨利克·阿维坎普（Hendrick Avercamp，1585—1634）。阿维坎普几乎只创作荷兰冬季风景画，他的作品使这一地区居民的休闲消遣方式得以永久留存：漫长的冬日里，人们纷纷来到冰面上享受滑冰的乐趣，四周皑皑的积雪使一切都变得如梦如幻。

婚礼的舞蹈（1566）
底特律，底特律艺术学院

乡间周末

在对勃鲁盖尔进行评论的文学作品中，凡·曼德尔是第一位塑造出勃鲁盖尔开朗形象的作者，他描述了勃鲁盖尔活泼、单纯、率真的性格。而勃鲁盖尔正是带着这种单纯和率真，用他的作品捕捉并记录下了佛兰芒当地人民的纯粹和自然。“自然是如此妙不可言。在那个质朴的村庄中，自然从农民中选择了他，使他成为农民生活的描绘者——幽默、才华横溢的勃鲁盖尔，而他注定会对自然回报以生机和朝气。”除此之外，凡·曼德尔还通过一系列逸事进一步将勃鲁盖尔的个性与他作品的主题结合起来。

在安特卫普的那些岁月中，勃鲁盖尔与纽伦堡（Norimberga）商人汉斯·弗兰克特（Hans Franckert）成为朋友，凡·曼德尔在书中写道：勃鲁盖尔同弗兰克特一起，“……经常去参加民间的节日和农民的婚礼：他们两人都穿着农民的衣服，

婚礼的舞蹈（1566）
局部
底特律，底特律艺术学院

农民的舞蹈（约 1568）
维也纳，艺术史博物馆

乔装打扮，与其他人一样送上贺礼，假装自己是新郎新娘的家人或同乡熟人”。几个世纪以来，凡·曼德尔记录下的这些文字确立了勃鲁盖尔在大众心中的典型形象。以这些朴实的民间生活为出发点，勃鲁盖尔创作了一系列最广为人知的作品：《婚礼的舞蹈》（*Danza nuziale*）、《农民的舞蹈》（*Danza di contadini*）和《农民的婚礼》（*Nozze di contadini*）。

如今，这些作品仅被视为描绘乡间生活的画作。事实上，勃鲁盖尔在这些作品中完全倾注了狂欢时乔装打扮带来的那种肆意和自由，这些作品也包含遍布于前作中的讽喻意味。

在这些作品中，勃鲁盖尔为观者们还原了农民集体的形象，这个农民集体依然延续着与劳作和酒神节仪式相关的传统。就如20世纪最吸引人的历史学者之一——约翰·赫伊津哈（Johan Huizinga）所说，这种传统与节日和游戏的本质有关，即游戏和娱乐会在历史中不断构建人类学的环境和背景。在如今已被视为经典作品的《游戏的人》（*Homo ludens*）中，赫伊津哈甚至将游戏和竞赛视为一切的起源，认为它们是所有文化中的先行者，是独特知识形式的创造者。根据这位荷兰学者的观点，文化始终具有游戏的某些成分和特征——这个人类学基本范例甚至可以在骑士团体和哲学思想中进行自我支配，因此即使在中世纪它也并未消失。赫伊津哈的这种观点来自加洛林王朝文化（典型的“诙谐”宫廷文化）中的辩论，以及中世纪的经院哲学思想。

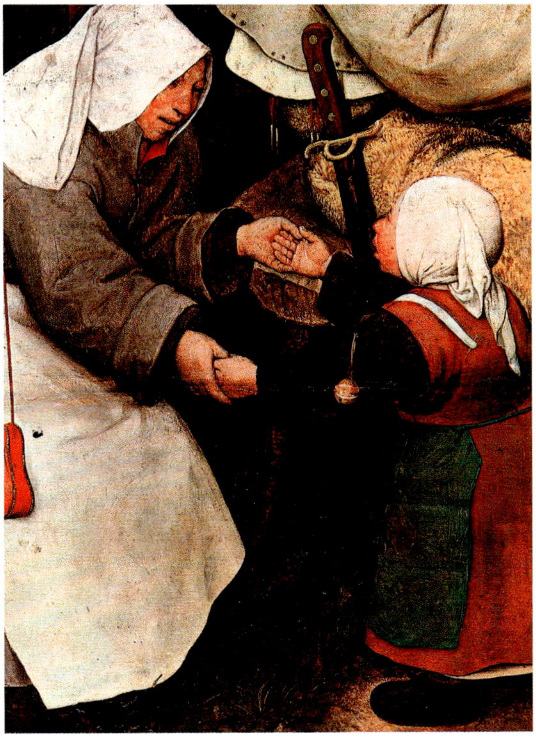

农民的舞蹈（约 1568）
局部
维也纳，艺术史博物馆

在勃鲁盖尔的时代，这种文化传统仍然非常活跃，或许就是这样的环境使他创作出了这些质量极佳的画作。在这些作品中，他的风俗画的写实程度在整个 16 世纪达到了可谓“前无古人，后无来者”的高度。

勃鲁盖尔约于 1568 年完成的作品《农民的婚礼》和保罗·委罗内塞（Paolo Veronese）的《加纳的婚礼》（*Le nozze di Cana*，1562—1563）这两幅作品都描绘了欢宴——这个在 16 世纪绘画中反复出现的主题。在表现相同主题时，我们只需要通过对比勃鲁盖尔与其他艺术家在处理手法上的差异，就能够理解这些年间勃鲁盖尔在作品中对自然主义的思考达到了何种水平。

在意大利画家委罗内塞的作品《加纳的婚礼》中，宴会的同席者们坐在一派冷淡凄清的氛围中，他们

农民的婚礼（约 1568）
维也纳，艺术史博物馆

的姿态和动作都十分“理想化”，画面中甚至没有一个人将食物送至口中；而在勃鲁盖尔的作品《农民的婚礼》中，这位佛兰芒画家设置的场景则十分写实，画面中富于对细节的描绘和对现实生活的生动写照。这两幅作品之间的这些区别，使这两位作者之间的差别显得如此之大，仿佛他们之间不仅存在着文化的差异，更隔着历史的鸿沟。一种被称为婚礼送亲队伍（Hochzeitzug zur Kirche）的表现主题在 19 世纪前的象形艺术中反复出现，这个主题的作品通常描绘荷兰农民们为婚礼做准备的场景。勃鲁盖尔约在 1566 年创作了一幅表现婚礼送亲队伍主题的作品，作品名为《婚礼队伍》（*Il corteo nuziale*）。在这幅作品中，新郎和新娘的亲戚分列成平行的两行队伍，一行是男人，另一行则是女人和小孩。画面构图的最左侧是一些树木，在树木的掩映下依稀可见

农民的婚礼
（约 1568）
局部
维也纳，艺术史
博物馆

加纳的婚礼（1562—1563）
局部
保罗·委罗内塞
巴黎，罗浮宫博物馆

一座教堂，浩浩荡荡的送亲队伍正朝着这座教堂走去。

队伍中披散着头发的女子是这场婚礼的新娘（已婚的妇女则用布包裹着她们的头部），判断这个女子是新娘的另一个原因是：这个女子明显已经怀有身孕——对于当时的农村地区而言，迎娶一位没有能力诞下后代的妻子可以说是一桩赔钱的买卖。而新郎的身边除了他的父母之外，还有另一个男

农民的婚礼（约 1568）
局部
维也纳，艺术史博物馆

婚礼队伍（约 1566）
布鲁塞尔，布鲁塞尔市立博物馆
或为仿制品

农民的舞蹈（约 1568）
局部
维也纳，艺术史博物馆

人——由他腰带上挂着的钱袋可以推测出他应该是这场婚姻的中间人。送亲队伍的最前方是必不可少的风笛演奏者，他吹奏着自己的乐器，为婚礼增添了一种喜悦的气氛。

而在《滑冰者和捕鸟陷阱的冬日风景》（*Paesaggio invernale con pattinatori e trappola per uccelli*，1565）这幅作品中，勃鲁盖尔则没有集中表现某一特定事件，而只是单纯地用他的画笔记录下寒冷冬天日常生活中的一个瞬间——冬日景色被铅灰色的光线笼罩，远处依稀可见村

滑冰者和捕鸟陷阱的冬日风景（1565）
全图和局部
维也纳，艺术史博物馆

落中矮小的房子和结冰河面上滑冰者的轮廓。

勃鲁盖尔的观察时而带有一种评判——这种评判若非谴责，那么至少也称得上是批评——批评那些似乎无视一切原则和价值的风俗习惯。在《农民的舞蹈》这幅作品中，画中描绘的这个纪念圣人的节日，不仅没有被人们视作因信仰和虔诚而相聚的契机，相反，人们将这个节日作为聚集在一起进行节日狂欢的借口。画中的人们在狂欢节的恍惚气氛中痛饮起舞，然而从他们的脸上却看不出一丝喜悦的神情，耸立于画面尽头的那座教堂已经完全在这些人的眼中消失——或许这就是他们的罪过。勃鲁盖尔痛斥这种毫无节制的享乐，他在画面中加入了许多相关的讽刺场景，例如对贪饕罪的讽刺（画面前景中，一位穿黑色哥萨克式上衣侧身而立的男子的帽子上别着一把勺子），以及对傲慢和虚荣的讽刺（坐在风笛演奏者身旁的男子戴着饰有孔雀羽毛的帽子）。

《圣经》故事风景画

在生命最后的短短四年时间里，勃鲁盖尔创作了大量艺术作品。对于像勃鲁盖尔这样一位作品总数十分稀少的艺术家而言，40 幅作品中大约有 30 幅都是在他生命的最后 12 年完成的——在他生命的最后四年，也就是 1565 年至 1569 年，他创作的作品甚至占了他作品总数的三分之二。勃鲁盖尔在生命的最后时光创作了数量如此众多的作品，当面对这些作品时，人们不由得对这位佛兰芒艺术家运用绘画语言的能力感到惊讶。他不时对前些年从象形艺术中获取的经验进行总结，并在这个过程中探索艺术表达的新途径。在这个方面最显著的元素之一无疑就是勃鲁盖尔艺术的核心部分——风景画。

无论是在描绘乡村场景的风俗画中，还是在表现宗教题材的画作

伯利恒调查（1566）
布鲁塞尔，比利时皇家美术博物馆

伯利恒调查（1566）
局部
布鲁塞尔，比利时皇家美术博物馆

中，艺术家都一直着眼于探寻新的表现技巧——寻找一种能够将绘画场景融入极具魅力的自然背景整体中的技巧。告别了描绘微小人物的绘画，勃鲁盖尔开始创作一些人物与周围环境各自所占比例更加平衡的作品，这使作品中的风景充当了新老故事发生场所的角色。这有可能是文艺复兴后期风景绘画中最为重要的创新——将风景视为人们故事上演的地方，或者说将风景融入其本身的文化领域中。

出于这个原因，勃鲁盖尔常常在作品中描绘《圣经》故事中的场景。在《伯利恒调查》（*Il censimento di Betlemme*，1566）中，画家将《路加福音》中记述的这个故事的场景设置在一个稀松平常的佛兰芒村落中。

《伯利恒调查》描绘的这个雪中的贫穷村落里，处处可见熙熙攘攘的人群。画中的人们似乎都没有注意到画面中所描述的故事的核心部分——一位男子正吃力地牵着一头驴在雪中行进，驴背上坐着一位女子。这两人都在画面的前景之中，

三贤士雪中来朝（1567）
全图和局部
温特图尔，奥斯卡·莱因哈特博物馆

然而画家却将观者的注意力引向画面左侧拥挤密集的人群。如此一来，几乎所有人都没有注意到前景中过路的朱塞佩和圣母玛利亚。《三贤士雪中来朝》（*Adorazione dei Magi nella neve*，1567）这幅作品也具有同样的典型构图特征。这幅画给人留下深刻印象的是其非凡的现代性，他使用了一种“有洞察力”的技巧——大雪下个不停，纷纷飘落的雪花几乎令人视线模糊，使画面中描述的故事场景几乎如同电影中的慢镜头一般。这幅作品的布景远远比勃鲁盖尔在安特卫普时期创作的“格里洛”（即怪物）画作的布景更加具有典型性。而这种典型化的布景特点也出现在《施洗者圣约翰的布道》（*La predica di san Giovanni Battista*，1566）这幅作品中。在这幅画中，勃鲁盖尔如同偏离主题一般，在画面的前景中加入了一些第一眼看上去几乎不合时宜的元素。

例如，在《施洗者圣约翰的布道》中，施洗者圣约翰用他的左臂指向出现在布道场景中的耶稣。受到当时遍布大街小巷的新教教会传教士的影响，在这幅作品中，勃鲁盖尔也没有被故事本身提供的宗教

施洗者圣约翰的布道（1566）

布达佩斯，匈牙利国家美术馆

圣保罗的皈依（1567）
全图和局部
维也纳，艺术史博物馆

视角吸引，而是对人的经历以及这一事件中宗教与世俗的丰富交织更感兴趣。他在这幅作品中探寻了面对宗教时，人性在发自内心的相信与漠不关心的怀疑态度之间的摇摆不定的事实（在画面的前景中，一位在场者丝毫不在意传道的场面，而是宁愿让一位吉卜赛人为自己看手相）。

对勃鲁盖尔而言，《圣保罗的皈依》（*La conversione di Saulo*，1567）这幅作品则代表着对过往的回溯。在这幅画中，画家选择将来自《圣经·新约全书》中《使徒行传》里的这段故事置于高山峡谷的场景中。画面中的高山峡谷似乎表明了作者对意大利山岳地貌的一种迷恋。自从勃鲁盖尔从意大利返回后，这种地貌就“频繁出现”在他的作品中。同样，在这幅画中，观者几乎不可能辨识出画面中所描述的故事的主题——扫罗（即未来的圣保罗）从马背上跌落的场景，因为勃鲁盖尔将扫罗“伪装”了起来，把他置于士兵的队伍当中。

安乐乡（1567）
慕尼黑，老绘画陈列馆

讽刺和隐喻

“现如今，如果我们询问街上的一位行人，询问一位对历史有那么一丁点儿兴趣的荷兰人，问他对自己国家的文化有哪些了解，那么他极有可能知晓，在他所了解的那些关于国家文化的基础知识中，大部分的知识都由绘画给他留下的印象组成。”这是赫伊津哈对象形艺术在国家文化历史中所扮演的角色的定义。赫伊津哈的作品《中世纪的衰落》（*L'autunno del Medioevo*）是对北欧文艺复兴时期文化的杰出记录。在这本书中，赫伊津哈对艺术作品进行了深入的分析，尝试通过这些分析来了解艺术作品是通过何种方式来向我们传达它们被创作的时间，以怎样的方式使我们得以深入了解我们本不可能知道的维度，又是如何为我们明确指出生命在不同时代的价值和作用。

16 世纪的佛兰芒文化以某种特定方式从艺术形象中汲取了养分。了解艺术和艺术家在这样一种文化中的作用，首先意味着需要离开唯

安乐乡（1567）

局部

慕尼黑，老绘画陈列馆

袭击（约 1567）
斯德哥尔摩，斯德哥尔摩大学
疑作

美主义的层面，认识到如今我们习惯为艺术设置的那些边界和范畴在那个时候并不存在，或是以其他不同的形式存在。这样我们就能够更加深入地理解像勃鲁盖尔这样一位艺术家的生平，虽然他一直受到赞赏和崇拜，但是人们对他的理解却往往只停留在艺术家奇异古怪的个性上，仅仅简单地将他视为一位天真、原始的画家。深入研究当时人们对勃鲁盖尔富于晦涩含义和隐喻意味的作品的理解，即使是一些有问题的理解，从历史学的角度来看也具有决定性的意义。

文献资料显示，勃鲁盖尔临终时曾要求他的妻子销毁大部分“奇异复杂的寓意画……这些画被描绘得尽善尽美，且上面标注有铭文……因为勃鲁盖尔认为这些作品具有攻击性且尖锐刻薄”。此外，还有另一证据与凡·曼德尔所记述的这段话相一致。

那就是当谈及《绞刑架上的喜鹊》（*La gazza sulla forca*，1568）这

绞刑架上的喜鹊（1568）
达姆施塔特，黑森州州立博物馆

幅画时，凡·曼德尔肯定了这是勃鲁盖尔作为遗作而留给妻子的一幅作品，他曾说："……画中的喜鹊意指长舌诽谤者，他们应当被送上绞刑架。"可惜的是，除了《绞刑架上的喜鹊》这幅我们有幸能够欣赏到的作品外，我们无从得知编年史中记载的那些作品，也就是勃鲁盖尔要求妻子毁掉的那些作品。但是，如今我们可以重构这一事件的轮廓，还原促使勃鲁盖尔认为某些作品具有"颠覆性"并摧毁它们的可能的动机。这种重构可以通过分析勃鲁盖尔最后的作品来实现，通过探寻这些作品中对介于统治阶级和下层阶级之间的一种文化背景或直接或间接的引用（如对炼金术的引用）来完成。而这种对文化背景的引用，经过对图像内容进行概括和升华后，或许会随着时间的推移变得难以辨认和理解。

勃鲁盖尔的朋友奥特利斯指出，对他所处的时代而言，勃鲁盖尔是创作"无法描绘的东西"的画家，甚至可以说他所创作的是"思想超越了绘画"的作品。勃鲁盖尔创作的《跛子》（*Gli storpi*，1568）是他最后的作品之一。在这幅画的背面，

绞刑架上的喜鹊（1568）
局部
达姆施塔特，黑森州州立博物馆

跛子（1568）

巴黎，罗浮宫博物馆

盲人的寓言（1568）
那不勒斯，卡波迪蒙特国家博物馆

出现了模糊不清的两行诗。至少在乍看之下，这两行诗与这幅画的主题之间有所联系："画家被给予的特殊优势是如此之大，我们艺术中拥有大自然的全部；此处，大自然被转化为绘画，并体现在跛子们的身上——大自然惊讶地意识到勃鲁盖尔与它是平等的。"

乍看之下，这两句话似乎可以与一种内容丰富的人文主义传统联系起来，这种人文主义传统反映的是一个极具争议的话题——艺术的模仿职能。但是，如果我们试着将这段话与画中跛子的形象所隐含的讽喻价值联系起来，那么这段话的含义就远离了它所涉及的复杂探究，转而带有一种谴责的意味。有一句佛兰芒谚语这样说道："谎言像跛子一样拄着拐杖行走。"作为谎言和虚伪的象征，画家所描绘的跛子直白而生动地扮演了当时伪善的社会中那些表里不一的人们。勃鲁盖尔所强调的这种悲观主义不对任何人网开一面，因此极易引发不满、仇恨

◀ **盲人的寓言**（1568）
局部
那不勒斯，卡波迪蒙特国家博物馆

厌世者（1568）
那不勒斯，卡波迪蒙特国家博物馆

以及敌意。

画中的跛子们戴着不同式样的帽子。这些帽子，无一例外，都分别象征着当时的所有不同社会阶层：僧帽代表教士，毛皮制成的帽子代表平民，有帽檐的帽子代表农民，防护帽代表军人，王冠则代表贵族。

《跛子》这幅作品传达出一种不信任感，认为人类不可能获得救赎。这种不信任感使得这幅画与勃鲁盖尔的另外两幅作品相近——描绘行乞者形象的作品《盲人的寓言》（*La parabola dei ciechi*，1568），以及描绘流浪汉形象的作品《厌世者》（*Il misantropo*，1568）。这两幅作品表现的都是游离于社会边缘的那些流浪者所处的世界。在这两幅画中，勃鲁盖尔使用了同样的绘画技法（布面蛋彩）。《厌世者》这幅画下方的解说词这样写道：“因为这世

偷鸟贼（1568）
全图和局部
维也纳，艺术史博物馆

界背信弃义，我哀痛不已。”在这幅画中，不幸的命运即将降临在画面中那位徒步朝圣者身上。

给他带来这种不幸的，是画面中那个身上套着水晶球的男子。他身上套着的水晶球象征着一个损人利己的贪婪世界。在《厌世者》这幅作品中，为了简化构图并使画中人物所占的面积更大，勃鲁盖尔运用了鲜明的色彩，使画面呈现出他作品中前所未有的一种清新色调。

与勃鲁盖尔其他更加流畅大气的作品相比，《厌世者》的背景中所描绘的景色具有较少的描述性细节，而这种缺少描述性细节的视觉特征还出现在了作品《偷鸟贼》（*Il ladro di nidi*，1568）中。这幅质量登峰造极的最后作品，表现了勃鲁盖尔在绘画方面非凡的自我提升能力。勃鲁盖尔一直积极地将这种画技的提升体现在自己的作品之中，直至他短暂生命的尽头。

1569年，勃鲁盖尔于布鲁塞尔溘然长逝。同年9月5日，在只有杰出人士才有资格享有的庄严葬礼中，勃鲁盖尔被下葬于沙佩勒圣母教堂，那正是他在六年前举办婚礼的地方。

20 世纪艺术中的勃鲁盖尔

如果如哲学家马丁·海德格尔（Martin Heidegger）所说，“演绎就意味着传达出作品所没有表达的东西”，那么，勃鲁盖尔的画作在20世纪时引发的那些逸事无疑对于深入了解人们对他作品的看法和评价有着重要的意义。

1939年，威斯坦·休·奥登（Wystan Hugh Auden）——20世纪众多英国诗人中的一位——在游览布鲁塞尔的过程中，深深被勃鲁盖尔的画打动，并根据勃鲁盖尔的画作创作了他最为著名的诗歌之一——《美术馆》（*Musée des Beaux-Arts*）。奥登这首诗中明确提到了勃鲁盖尔的一系列画作，其中包括《伊卡洛斯的坠落》。

奥登重新审视了勃鲁盖尔基于“无足轻重的普遍蕴含”的世界观。重大历史事件所导致的边缘化注定会给个人带来痛苦，勃鲁盖尔对这种痛苦进行了理解和重新演绎。

但在20世纪，电影这种与各种象形表现形式联系最为紧密的艺术，成了对勃鲁盖尔最感兴趣的艺术形式之一。滑稽和怪诞是勃鲁盖尔作品的典型特征。而皮埃尔·保罗·帕索里尼（Pier Paolo Pasolini）

皮埃尔·保罗·帕索里尼与数位身着中世纪农民戏服的群众演员在电影《十日谈》的片场（1971）。

在创作“命运三部曲”的前两部作品——《十日谈》(*Decameron*，1971)和《坎特伯雷故事集》(*Racconti di Canterbury*,1972)时，正是从勃鲁盖尔这位16世纪艺术大师的绘画中获得了创作这些讽刺怪诞剧的灵感。帕索里尼常借这些讽刺怪诞剧，在过去的原始现实主义与如今意识形态的真面目之间发起对话；更不必说，帕索里尼对在意大利已经不复存在的农民文化有着一种众所周知的迷恋。在勃鲁盖尔的作品中，他发现了极为丰富的农民文化图像样本，并从中汲取了大量养分。而在另一种截然不同的文化背景下，苏联导演安德烈·塔可夫斯基(Andrej Tarkovskij)在他的科幻电影《飞向太空》(*Solaris*，1972)中也运用了这种在现在与过去间循环往复的手法。与同类作品相比,《飞向太空》是一部反常规的影片，影片中富于视觉的映射，电影中场景的设置将未来的概念隐藏于令人担忧的现状之中。影片中，承载着记忆的地点作为幻想的叙事线索，遨游在时间的重叠之中。在这部影片中，主人公克里斯(Kris)在儿时所拍摄的一段短片中，回顾了一系列令人痛苦的记忆。回忆中，在他出生的房子里可以清晰地看到那所房子的图书馆墙壁上挂着勃鲁盖尔的画作，其中包括《伊卡洛斯的坠落》《收割》《雪中猎人》。

电影《飞向太空》的女主角纳塔莉亚·邦达尔丘克在画作《雪中猎人》的复制品旁(1972)。

年表

勃鲁盖尔生平大事记	年份	历史同期大事记
彼得·勃鲁盖尔（Pieter Bruegel）出生。具体出生日期不详，但大致介于1525年至1530年之间，出生地有可能为北布拉班特省的布雷达（Breda）。	1525	法国瓦卢瓦王朝国王弗朗西斯科一世（Francesco I di Valois）被西班牙人俘获，被卡洛斯五世（Carlo V）囚禁于帕维亚（Pavia）。鲁赞特（Ruzante）的戏剧《贝蒂亚》（*Betia*）上演，本博（Bembo）创作了《俗语散文》（*Prose della volgar* lingua）。
	1527	卡洛斯五世发动了对罗马的劫掠战争。鹿特丹的伊拉斯谟（Erasmo da Rotterdam）由于他所主张的学说被教会判定有罪。
	1529	法国与西班牙签订康布雷条约。老卢卡斯·克拉纳赫为马丁·路德（Martin Lutero）和他的妻子卡特里娜（Caterina）绘制肖像。
	1536	小汉斯·荷尔拜因（Hans Holbein il Giovane）成为英国皇室官方画家。
	1537	科西莫·美第奇（Cosimo de' Medici）成为佛罗伦萨公爵。
	1539	弗朗西斯·拉伯雷（Francois Rabelais）完成《巨人传》（*Gargantua e Pantagruel*）第三部。
	1543	哥白尼（Copernico）完成《天体运行论》（*De revolutionibus orbium coelestium*）。
	1544	保罗三世（Paolo III）召开特伦托会议。
	1546	马丁·路德去世。米开朗琪罗（Michel-angelo）指导圣彼得大教堂的建设。

勃鲁盖尔结束艺术学徒生涯，随后与别人合作完成梅赫伦的手套制作者公会的祭坛画。	1550	朱利欧三世（Giulio III）成为教皇。瓦萨里（Vasari）完成《艺苑名人传》。彼得·柯克·凡·阿尔斯特（Pieter Coecke van Aelst）去世，勃鲁盖尔曾在他的画室做学徒。
“彼得·勃鲁盖尔”（Peeter Brueghels）这个名字首次出现在安特卫普圣卢克画家公会的名单中。勃鲁盖尔开始了他漫长的意大利之旅。	1551	皮耶特·埃特森（Pieter Aertsen）在安特卫普创作了《肉铺》（*La rivendita della carne*），在静物画创作方面取得成功。
勃鲁盖尔到达意大利的南部，随后又前往罗马，在罗马长时间停留，并与细密画家朱里奥·科洛维奥交往甚密。	1552	米开朗琪罗开始创作《隆达尼尼圣殇》（*Pietà Rondanini*）。
	1553	弗朗西斯·拉伯雷于巴黎逝世。
勃鲁盖尔开始与希罗尼穆斯·科克的四风出版社合作，并在那里创作出了《大鱼吃小鱼》《学校的驴子》。	1556	卡洛斯五世为了儿子腓力二世（Filippo Ⅱ）而宣告退位。查尔斯五世的兄弟费尔南多一世（Ferdinando I）成为皇帝，获得哈布斯堡属地统治权。
勃鲁盖尔（以自己的作品为底稿）印制了一组版画《七宗罪》。此外还绘制了《播种者的寓言》。	1557	西班牙王室宣告破产。英国向法国宣战。
创作包含七幅作品的一组版画《七美德》，绘制《伊卡洛斯的坠落》《佛兰芒谚语》《狂欢节与四旬斋之战》。	1558	英国都铎王朝伊丽莎白一世（Elisabetta I Tudor）接替玛丽一世（Maria）成为女王。
开始将自己的署名由“Brueghel”改为“Bruegel”。	1559	达代鸥·祖卡里（Taddeo Zuccari）装饰位于卡普拉罗拉（Caprarola）的法尔尼斯别墅（Villa Farnese）。
绘制《儿童的游戏》。	1560	瓦萨里开始建造乌菲齐美术馆。巴尔托洛梅奥·阿曼纳蒂（Bartolomeo Ammannati）创作了佛罗伦萨僭主广场上的海神喷泉。
完成阿姆斯特丹之旅。创作末世题材作品《疯狂的格利特》《死神的胜利》《叛逆天使的堕落》，除此之外还绘制了《扫罗的自杀》《两只猴子》。	1562	法国将都灵（Torino）归还给萨伏伊王朝（Savoia）。阿维拉的特蕾莎（Teresa d'Avila）创建了第一座加尔默罗会赤脚修士修道院。委罗内塞（Veronese）创作了《加纳的婚礼》（*Le nozze di Cana*）。

勃鲁盖尔移居布鲁塞尔（Bruxelles），并在那里迎娶了梅肯·柯克（Mayeken Coecke）——他的老师彼得的女儿。他这一时期的作品中最为杰出的两幅是《通天塔》和《逃往埃及》。	1563	公布特伦托会议的结果。科西莫一世（Cosimo I）支持瓦萨里在佛罗伦萨建立设计学院（Accademia del Disegno）。
勃鲁盖尔的长子出生，他被人们称为“小彼得·勃鲁盖尔”或“地狱的勃鲁盖尔”。	1564	威廉·莎士比亚（William Shakespeare）和伽利略·伽利雷（Galileo Galilei）出生。特伦托会议发布了新的禁书名录。
受雇主尼古拉斯·扬格林克的委托，绘制了由六幅画组成的作品《季节轮回》。其余作品中最为突出的是《滑冰者和捕鸟陷阱的冬日风景》。	1565	在佛罗伦萨，瓦萨里只用了短短五个月的时间就完成了将韦奇奥宫（palazzo Vecchio）与皮蒂宫（palazzo Pitti）相连的瓦萨里长廊。烟草传入英国。
在这一年中，勃鲁盖尔完成了《婚礼的舞蹈》《伯利恒调查》《施洗者圣约翰的布道》。	1566	荷兰爆发革命。罗马学院的音乐教师帕莱斯特里那（Palestrina）创作牧歌《装点山丘》（*Vestiva i colli*）。
布鲁塞尔被西班牙军队攻占。勃鲁盖尔被免去为西班牙士兵提供膳宿的义务。创作了《圣保罗的皈依》《三贤士雪中来朝》《安乐乡》。	1567	腓力二世派遣阿尔巴公爵（duca d’Alba）镇压荷兰的叛乱。葡萄牙人建立了里约热内卢（Rio de Janeiro）这座城市。玛丽·斯图尔特（Maria Stuart）被迫退位，他的儿子詹姆斯六世（Giacomo VI）继位。安德烈亚·帕拉第奥（Andrea Palladio）开始建造圆顶别墅（Villa La Rotonda）。提香（Tiziano）完成《圣洛伦佐的殉道》（*Il martirio di san Lorenzo*）。
勃鲁盖尔的次子——老扬·勃鲁盖尔出生，他后来成为杰出的静物画家，被称为“天鹅绒的勃鲁盖尔”。老彼得·勃鲁盖尔创作了《盲人的寓言》《绞刑架上的喜鹊》《跛子》《农民的舞蹈》《农民的婚礼》《厌世者》《偷鸟贼》。	1568	维尼奥拉（Vignola）开始修建罗马耶稣会教堂，开创了单一大厅的教堂形式，这种教堂更加适于耶稣会的布道。
9月5日，勃鲁盖尔于布鲁塞尔逝世，并被葬于沙佩勒圣母教堂。勃鲁盖尔的儿子老扬·勃鲁盖尔在他的墓前放置了彼得·保罗·鲁本斯（Pieter Paul Rubens）的画作《基督将天堂钥匙交给圣彼得》（*La consegna delle chiavi*）。	1569	科西莫一世成为托斯卡纳大公。佛兰芒人杰拉杜斯·麦卡托（Gerardo Mercatore）发表了他通过自己的投影技术完成的地球平面球形图。

勃鲁盖尔之墓

布鲁塞尔沙佩勒圣母教堂勃鲁盖尔的墓碑上的
彼得·保罗·鲁本斯作品的复制品《基督将天堂钥匙
交给圣彼得》(1613—1614)

索引

勃鲁盖尔作品索引

A
《阿尔卑斯大风景》12
《阿尔卑斯风景》12
《安乐乡》134，135

B
《播种者的寓言》39
《伯利恒调查》126，127
《跛子》140

D
《大风景》系列
–《乡村树林》20
–《休息的士兵》21
《大通天塔》84，87，88，89
《大鱼吃小鱼》(布鲁塞尔)28
《大鱼吃小鱼》(维也纳)26—27
《对无辜者的屠杀》96

E
《儿童的游戏》40—41，42，43，45

F
《风景与圣吉罗拉莫》17
《疯狂的格利特》|《疯狂的梅格》30，55，56—57，58
《佛兰芒谚语》34—35

H
《滑冰者和捕鸟陷阱的冬日风景》124
《画家和鉴赏家》77
《婚礼的舞蹈》116，117
《婚礼队伍》123

J
《季节轮回》系列
-《暗日》102，104，105
-《牧归》110—111
-《收割》109
-《收割干草》106，107，108
-《雪中猎人》113
《绞刑架上的喜鹊》137，138—139

K
《狂欢节与四旬斋之战》47—48，49，50，51，52，53

L
《雷焦卡拉布里亚城市景观图》14
《里帕景观图》17
《炼金术士》73
《两只猴子》29

M
《盲人的寓言》8，141，142
《牧鹅人》79

N
《那不勒斯城市景观图》|《那不勒斯港湾的海战》15
《年迈农妇的头像》38
《农民的婚礼》38，120，121，122
《农民的舞蹈》38，118，119，123

P
《叛逆天使的堕落》68—69，70

Q
《七宗罪》系列
–《傲慢》6
–《懒惰》25

S
《三贤士雪中来朝》128
《扫罗的自杀》59
《山间景色与设防的城市》|《英雄的城市》22
《圣安东尼的诱惑》5
《圣保罗的皈依》133
《圣马丁的葡萄酒》37
《圣母玛利亚之死》101
《施洗者圣约翰的布道》130—131
《十二箴言》33
《斯凯尔德河上的安特卫普城市景观图》3
《死神的胜利》62—63，64，65，66，67

T
《逃往埃及》97
《偷鸟贼》144，145

X
《袭击》(疑作)136
《贤士来朝》(布鲁塞尔)24
《贤士来朝》(伦敦)99
《向耶稣受难地前进的队伍》74，92—93，94，95
《小通天塔》85，90，91

《学校的驴子》11

Y
《厌世者》143
《耶稣与犯通奸罪的女人》8，100
《伊卡洛斯的坠落》60，61
《意大利河流风景、圣家族和修道院》|《逃往埃及途中的休息》16
《意大利修道院山间风景》13

Z
《最后的审判》36

其他人名及作品索引

A
阿尔巴公爵（费尔南多·阿尔瓦雷斯·德·托莱多）4，76，78，150
阿尔布雷特·丢勒 3，72
　《安特卫普城市景观图》3
阿尔布雷希特·阿尔特多弗尔 60
　《伊苏斯之战》60
埃尔·格列柯 15
　《朱里奥·科洛维奥的画像》15
埃吉斯厄斯·萨德勒尔 2
　《彼得·勃鲁盖尔的肖像》2
埃内斯特大公爵 103
安东·凡·戴克 80，82
　《天鹅绒的老扬·勃鲁盖尔》82
　《小彼得·勃鲁盖尔》80
安东尼·莫瑞龙 103
安东尼奥·柯勒乔 98
安东尼奥·莫罗 78
　《费尔南多·阿尔瓦雷斯·德·托莱多，阿尔巴公爵》78
　《格朗韦勒大主教》78
安托万·佩尔诺特·德·格朗韦勒 23，76，78，97

B
巴托洛梅奥·斯布兰格 2
保罗·委罗内塞 119，121，149
　《加纳的婚礼》121
彼得·保罗·鲁本斯 1，19，83，101，150
　《基督将天堂钥匙交给圣彼得》151
彼得·鲍尔登 2，9
彼得·凡·阿尔斯特 98
彼得·柯克·凡·阿尔斯特 7，9，149
波德莱尔 5
波利多罗·达·卡拉瓦乔 19

C
查尔斯·德·托内 15

D
达·芬奇 37
但丁 61
多米尼克·兰普森尼尔斯 4

F
弗朗西斯·拉伯雷 32，44，148，149
弗朗西斯科·萨尔维亚蒂 19
弗朗兹·弗洛里斯 18

G
古斯塔夫·多雷 32，44
　《巨人传》插图 32，44

H
哈德良六世 18
汉斯·弗兰克特 116
赫尔曼·普斯苏穆斯 19
　《罗马废墟风景》19
亨利克·阿维坎普 112，113
　《城堡旁滑冰者的冬日风景》112
亨利克·霍尔齐厄斯 64

J
吉亚科莫·雷科 83

K
卡勒尔·凡·曼德尔 5，8，9，16，40，66，78，116，118，136，138
卡洛斯五世 8，19，148，149
迪尔克·科恩赫特 64
克里斯托弗·普拉丁 64

L
拉斐尔·桑西 98，100
老卢卡斯·克拉纳赫 72，148
老扬·勃鲁盖尔 8，19，79，80，81，83，150
　《瓶中的花束》83
利奥十世 18，98
林堡兄弟 112
　《二月》112

鲁多维科·奎恰尔蒂尼 4，5
伦勃朗·哈尔曼松·凡·莱因 101

M
马蒂亚斯·格吕内瓦尔德 72
马丁·海德格尔 146
马丁·路德 148
马尔腾·德·沃斯 13，18
马勒凯东尼欧·拉伊蒙蒂 98
迈尔顿·范·希姆斯柯克 18
《古罗马斗兽场前的自画像》18
麦基洗德·凡·赫勒 76
《安特卫普城市景观图》76
梅肯·柯克 79，81，150
梅肯·维胡斯特·贝斯莫 8，81
米开朗琪罗·博纳罗蒂 97，98，148，149
《圣母与圣子》98

N
纳塔莉亚·邦达尔丘克 147
尼古拉斯·扬格林克 23，104，150

P
帕尔米加诺 72
佩林·德·瓦加 19
皮埃尔·保罗·帕索里尼 146，147

Q
乔尔丹诺·布鲁诺 73
乔尔乔·瓦萨里 10，149，150
乔尔乔涅 72
乔万·巴蒂斯塔·罗波洛 83

S
塞巴斯蒂安·布兰特 54，55
《愚人船》54
塞巴斯蒂亚诺·德·皮翁博 97
圣托马斯·阿奎那 73
《初生的曙光》73
所罗门·崔斯莫森 72
《黑色的太阳》72

T
托马斯·康帕内拉 73
托马斯·温森多 98

W
威斯坦·休·奥登 146

X
西班牙国王腓力二世 4，76，149，150
希罗尼穆斯·博斯 4，5，10，20，25，31，33，54，56，66，69，70，71，76
《干草车》71
《圣安东尼的诱惑》4
《愚人船》54
希罗尼穆斯·科克 9，10，12，20，86，91，149
《古罗马斗兽场》91
小彼得·勃鲁盖尔 36，79，80，81，82，150
《婚礼的露天舞会》80
《仪式队伍》82
小扬·勃鲁盖尔 80，81，83

Y
亚伯拉罕·奥特利斯 1，23，64，75，76，101，138
亚伯拉罕·勃鲁盖尔 79，80，81，83
亚科皮诺·德·孔戴 19
扬·凡·阿姆斯特尔 9
扬·凡·艾克 72
扬·凡·斯科列里 18，19
《教皇哈德良六世》18
佚名
《安特卫普城市景观图》7
《彼得·柯克·凡·阿尔斯特》7
《圣马丁的葡萄酒》37
《希罗尼穆斯·科克》9
《1566年安特卫普的一座教堂中毁坏圣像的情景》23
约·阿希姆·帕蒂尼尔 59
约翰·赫伊津哈 118，119，134

Z
朱里奥·科洛维奥 15，16，149

Bibliografia

OPERE A CARATTERE GENERALE

M. J. Friedlander, *La pittura nei Paesi Bassi: da Van Eyck a Bruegel*, Firenze-Londra 1956; B. W. Meyer, *La pittura in Europa: la pittura nei Paesi Bassi*, 1997 (tomo I).

OPERE MONOGRAFICHE

F. Grossmann, *Bruegel*, in *Enciclopedia Universale dell'Arte*, vol. II, Venezia-Roma 1958; L. van Puyvelde, *La peinture flamande au siècle de Bosch et de Bruegel*, Bruxelles 1961; *Tutta la pittura di Pieter Bruegel*, Milano 1962; *L'opera completa di Bruegel*, Milano 1967; C. de Tolnay, *Pierre Bruegel l'Ancien*, Parigi-Bruxelles 1969; A. Bovi, *Bruegel*, Firenze 1970; *Pieter Bruegel*, Milano 1971; *Le incisioni di Peter Bruegel il Vecchio: catalogo storico-scientifico dell'opera completa*, Firenze 1976; F. De Poli-E. Baccheschi, *Bruegel*, Milano 1976; P. Bianconi, *Bruegel*, Bologna 1979; T. Frati, *Bruegel*, Milano 1980; A. Wied, *Bruegel*, Milano 1981; P. van Castler-A. W. F. M. Meij, *Bruegel l'Ancien. Tout l'œuvre peint et dessiné*, Parigi 1988; *La tematica dei dipinti e delle opere di Pieter Bruegel il Vecchio*, Pavia 1989; M. Dvorak, Pierre Bruegel l'Ancien, Parigi 1992; W. Stechow, *Bruegel*, Milano 1992; *Da Bruegel a Goltzius: specchio dell'antico e del nuovo mondo. Incisioni fiamminghe e olandesi della seconda metà del Cinquecento dei Civici musei di Padova*, a cura di C. Limentani Virdis, D. Banzato, C. Butelli, Milano 1994; P. Francastel, *Bruegel*, Parigi 1995; A. Wied, *Bruegel: Il Carnevale e la Quaresima*, Milano 1996; W. Seipel, *Pieter Bruegel il Vecchio al Kunsthistorisches Museum di Vienna*, Milano 1997; F. Zeri, *Bruegel: Danza di contadini*, Milano 1998; N. Jockel, *Pieter Bruegel: La torre di Babele*, San Dorlingo della Valle 2002.

Per un maggiore approfondimento dei diversi argomenti relativi a Pieter Bruegel il Vecchio si rimanda alle bibliografie riportate nei volumi indicati.

REFERENZE FOTOGRAFICHE

Archivi Alinari, Firenze:
© ARTHOTEK / Alinari, pp. 06, 29
© Bridgeman Images, pp. 04-05, 8 a.s., 77, 113, 114-115, 124, 125, 141, 142.
Contrasto, Milano: © Erich Lessing, pp. 78 s. d.
Bettmann / Getty Images, Milano: © Bettman, p. 146.
Ove non altrimenti indicato le immagini appartengono all'Archivio Giunti, Firenze.

L'editore si dichiara disponibile a regolare eventuali spettanze per quelle immagini di cui non sia stato possibile reperire la fonte.
Nelle didascalie, quando non altrimenti indicato, l'opera fa parte di collezione privata.

图书在版编目（CIP）数据

勃鲁盖尔 /（意）戴维·比安科著；郭晶译．—合肥：安徽美术出版社，2019.7
（艺术人生）
ISBN 978-7-5398-8842-2

Ⅰ.①勃… Ⅱ.①戴… ②郭… Ⅲ.①勃鲁盖尔（Bruegel，Pieter 约 1525-1569）—传记 Ⅳ.①K835.635.72

中国版本图书馆 CIP 数据核字（2019）第 031544 号

艺术人生
勃鲁盖尔 （意）戴维·比安科 著 郭晶 译
YISHU RENSHENG BOLUGAIER

出 版 人：唐元明
责任编辑：黄 奇 赵启芳 陈 震
特约编辑：杜姗珊 王金霄
责任校对：司开江
责任印制：缪振光
出版发行：时代出版传媒股份有限公司
安徽美术出版社（http://www.ahmscbs.com）
社 址：合肥市政务文化新区翡翠路 1118 号出版传媒广场 14 层
邮 编：230071
营 销 部：0551-63533604（省内） 0551-63533607（省外）
经 销：全国新华书店
印 刷：北京天恒嘉业印刷有限公司
版 次：2019 年 7 月第 1 版
2019 年 7 月第 1 次印刷
开 本：787 mm×1092 mm 1/16
印 张：10.25
书 号：ISBN 978-7-5398-8842-2
定 价：79.80 元

For the original edition
Original title: "Bruegel" by David Bianco

www.giunti.it
The simplified Chinese edition is published in arrangement through Niu Niu Culture.

著作权合同登记号　图字：12181849 号